당신의 매력을 브랜딩하라

압도적 성공을 불러오는 한 끗의 차이

당신의 **매력**을 **브랜딩** 하라

송은영 지음

보아스 BOAZ

매력적인 이미지(理美智)로 자기다움을 브랜딩하고 싶은 사람들에게

지식생태학자 유영만
한양대학교 교수
《언어를 디자인하라》 저자

이미지는 상상력(imagination)의 원료입니다. 이미지가 풍부하면 상상력도 풍부해지는 이유입니다. 이미지는 현실을 뛰어넘는 이상(理想), 논리적 이성을 넘어서는 미적(美的) 감각, 지식을 능가하는 체험적 지혜(智惠)의 합작품입니다. 그래서 이미지(image)는 곧 이미지(理美智)입니다. 매력적인 이미지를 지닌 사람은 현실에 안주하지 않고 부단히 꿈과 비전을 추구하며 이상적인 미래를 지향합니다. 또한 이성적 호소력뿐만 아니라 마음을 훔치는 설득력으로 심미적 감수성을 꾸준히 연마합니다.

진짜 실력은 실행력에서 나옵니다. 하지만 일단 생긴 실력의 생명력은 매력이 결정합니다. 매력은 거부할 수 없는 위력이자 속수무책으로 끌어당기는 인력(引力)으로 작용하기 때문입니다. 매력적인 이미지로 자기다움을 브랜딩하는 방법은 이 시대에 모든 사람이 갖추어야 할 실력의 핵심이자 정수입니다. 가장 나다운 매력적 이미지로 브랜딩하는 방법에 관심 있는 사람들이 송은영 박사의 이 책을 필독서로 읽으면 좋은 이유입니다.

이 책을 읽으면서 매력적인 이미지를 지닌 사람은 8가지를 갖춘 팔방미인이 아닐까 생각했습니다.

첫째, 매력적인 이미지는 단점을 지적하고 '질책'하기보다 강점과 재능을 칭찬해주고 새로운 관문을 열어가는 '질문'에서 생깁니다. 질책은 패배감과 심리적 불안감을 가중하지만 질문은 생각지 못한 가능성의 문을 열어줍니다.

둘째, 매력적인 이미지는 자기 할 말만 하면서 '딴청' 부리는 행동보다 남의 이야기를 귀담아 들어주는 '경청'에서 비롯됩니다. 매력적인 사람의 진정한 매력은 다른 사람의 이야기를 흘려보내지 않고 귀를 기울여 듣는 자세에서 비롯됩니다. 귀하게 대접받고 싶으면 귀를 기울여야 하는 이유입니다.

셋째, 매력적인 이미지는 꾸미고 자신을 '포장'해서 과시하는 행동보다 자신을 가꾸고 타인을 '포용'해서 자기다움을 만들어가려는 노력에서 만들어집니다. 꾸밈은 없는 걸 위장하려는 노력이지만 가꿈은 있는 것을 보다 아름답게 드러내려는 행동입니다. 자신을 포장하기보다 타인을 포용하려는 미덕에서 매력은 저절로 흘러넘칩니다.

넷째, 매력적인 이미지는 남의 이야기를 듣지 않고 자기주장만 펼치려는 '소탕'보다 남의 이야기를 듣고 자신을 변화시키며 '소통' 하려는 미덕에서 나옵니다. 소탕은 상대를 누르고 이기려는 앙갚음의 산물이지만 소통은 자신을 낮추고 상대를 높이려는 미덕의 매개체입니다.

다섯째, 매력적인 이미지는 다른 사람을 존중하지 않고 자기만 챙기려다 범하는 '실례'보다 상대를 배려하고 존중하며 생기는 '신뢰'를 먹고 삽니다. 매력적인 사람은 다른 사람과의 신뢰를 가장 소중하게 생각하며 서로 가르치고 배우려는 교학상장의 인간관계를 맺으려고 항상 노력합니다.

여섯째, 매력적인 이미지는 다른 사람을 일방적으로 가르치려는 '티칭(teaching)'보다 상대의 강점과 재능을 북돋우고 가능성을 일깨우는 '코칭(coaching)'이 만들어줍니다. 우리는 모두 저마다의 가능성과 재능을 갖고 태어납니다. 내면의 가능성을 일깨우는 코칭을 통해 우리는 더 매력적인 사람으로 거듭납니다.

일곱째, 매력적인 이미지는 '발목'을 잡고 트집을 잡아 상대를 제압하려는 위력보다 세상을 내다보는 '안목'이 남달라서 다른 사람의 입장에서 생각하는 역지사지의 미덕이 구축하는 산물입니다. 매력적인 사람은 경험을 끊임없이 업데이트하고 지적 자극을 통해 안목을 키워나갑니다.

여덟째, 매력적인 이미지는 객관적 사실을 논리적으로 이해시키려는 '설명'보다 각자가 느끼는 주관적 감정을 휘저으며 의미를 심장에 꽂는 감성적 '설득'이 낳은 성취물입니다. 설명하면 머리를 끄덕이며 이해하지만 설득하면 감동받고 행동합니다. 매력적인 이미지로 자기다움을 브랜딩하는 사람은 머리보다 심장을 공략, 마음을 움직이는 마음 도둑입니다.

이 책은 송은영 박사가 그동안 다양한 경험을 통해 체득한 실천적 지혜와 폭넓은 이론적 지식이 융합되어 탄생한 역작입니다. 호감과 공감을 얻는 노하우는 물론 매력적인 첫인상과 품격 높은 언어로 자기다움을 드러내고, 설득으로 소통하는 다양한 방법과 사례 등이 유용한 처방전과 함께 구체적으로 제시되어 있습니다.

타인에게 호감을 주며 첫인상을 좋게 만들고 싶은 사람은 물론, 다른 사람의 이야기를 경청하고 공감하며 신뢰를 얻고 싶은 사람, 궁극적으로 자기다움으로 자신의 매력과 강점을 브랜드 자산으로 만들고 싶은 모두에게 이 책은 실무적 지침서가 될 뿐만 아니라 곁에 두고 참고해야 할 필독서가 될 수 있을 것으로 믿어 의심치 않습니다.

프롤로그

브랜드(Brand)라는 단어는 '불에 달구어 지지다'에서 유래되었습니다. 예로부터 동물이나 상품을 구별하기 위해 화인(火印)했던 것이 그 유래입니다. 퍼스널 브랜딩은 자신만의 정체성과 전문성을 담아 브랜딩하고, 그것을 차별화되고 설득력 있게 어필하는 것을 말합니다. 사람은 저마다 외모, 성격, 능력이 다르기 때문에 비슷한 콘텐츠가 넘쳐나도 그 콘텐츠를 전달하는 메신저의 전문성과 개성을 담아 차별화되는 브랜드를 가질 수 있습니다. SNS 매체가 발달함에 따라 이제는 자신의 브랜드를 갖는 것이 중요한 경쟁력이 되었습니다.

그리고 초연결 시대가 열림에 따라 갖추어야 할 또 하나의 능력이 있습니다. 바로 '협업 능력'입니다.

구직자들이 가장 입사하고 싶어 하는 기업으로 꼽히는 구글의 인재상 중의 하나는 '동료의 성공을 도와줄 수 있는 인성'입니다. 각자가 지닌 능력을 발휘하는 것도 중요하지만 필요에 따라 개개인의 장점을 모아 협력하면 더 큰 시너지가 나오고 행복한 조직문화가 형성되기 때문입니다. 이러한 협업문화를 만들기 위해서는 소통이 제대로 이루어져야 하고, 그 바탕은 원만한 인간관계입니다.

그런데 조직에서 원만하고 좋은 인간관계를 유지하는 것은 결코 쉬운 일이 아닙니다. 미국의 극작가 새뮤얼 골드윈은 "세상을 성공적으로 사는 기술의 90%는 싫어하는 사람과 잘 지내는 방법에 달려 있다"고 말했습니다. 많은 사람에게 인정을 받고 좋은 인간관계를 유지하는 것은 모든 사람의 바람이지만, 한편으로 누구나 고민하는 과제가 아닐 수 없습니다. 원만한 인간관계를 유지하기 위해서는 '기본'을 지키는 것이 중요합니다. 아무리 능력이 뛰어나도 '기본'을 지키지 않으면 신뢰를 얻을 수 없으며, 원만한 인간관계를 형성하기 어렵기 때문입니다. 거기에 더 나아가 상대방의 마음을 얻을 수 있는 매력을 키워야 합니다. 매력을 갖추는 것은 자신이 갖춘 능력에 날개를 다는 것과 같습니다. 매력은 흡인력이자 설득력입니다. 그래서 외적, 내적으로 매력을 키우는 것은 자신의 가치를 높이는 일이자 성공을 준비하는 일입니다.

특히 4차 산업혁명 시대는 SNS 플랫폼의 발달로 1인 방송의 전성기입니다. 누구나 세상에 자신을 드러내고 마케팅할 수 있는 시대가 되었습니다. 수많은 채널과 정보들이 쏟아지는 가운데 자신만의 매력을 효과적으로 보여주는 것은 큰 경쟁력입니다. 또한 기업에서는 조직원의 이미지가 기업 브랜드 가치를 결정하고, 중요한 비즈니스 미팅이나 영업 현장, 면접 현장에서 짧은 순간에 자신의 매력을 어떻게 보여주느냐에 따라 성패가 달라질 수 있습니다.

'21세기 성공전략, 이미지 메이킹'이라는 주제로 TV특강을 진행했고, KBS 2TV 〈생방송 오늘〉이라는 프로그램에서 '직장인의 생존 전략, 이미지 메이킹' 코너를 맡아 전문가 패널로 6개월 동안 참여했으며, 숭실대 대학원에서 이미지경영을 강의하며 기업 CEO, 정치인, 직장인들에 이르기까지 수많은 사람에게 컨설팅 및 강의를 하면서 성공적인 이미지 브랜딩이 한 개인과 기업에 얼마나 큰 변화를 가져오고 성과에 중요한 영향을 미치는지를 보아왔습니다.

이 책은 이미지 브랜딩에 대한 30여년 간의 연구와 현장에서의 경험을 바탕으로 인상학, 뇌과학, 심리학, 이미지 메이킹 이론. 그리고 AI 분석 결과를 접목해 집필했습니다. 그리고 방송과 컨설팅, 기업 강의를 통해 만났던 수많은 분들이 가장 궁금해했던 내용들을 모아 책에 담았습니다. 또한 스스로 자신의 얼굴 인상, 언상, 체상에 이르는 내적, 외적 이미지를 진단해보고 파악하도록 5가지의 자가진단표를 수록하고, 그 뒷부분에는 발전적인 방향으로 변화할 수 있는 솔루션을 제시했습니다. 이를 통해 독자 여러분은 이미지 전문가로부터 자신의 이미지를 진단받고 자신의 매력을 높이는 컨설팅 효과를 얻게 될 것입니다.

이 책은 이미지 브랜딩에 관한 이론, 성공인에게 배우는 이미지 메이킹, 자신의 이미지를 진단해보는 진단표, 실무에 적용하는 커뮤니케이션과 소통법 등 이미지 브랜딩에 관한 모든 것을 담고 있습니다. 이 책은 매력적인 이미지 메이킹을 통해 자신의 일과 인간관계에서 성공을 일구도록 실질적이고 친절한 가이드가 되어줄 것입니다.

당신의 매력을 브랜딩하라

차례

제2강
첫눈에 상대에게 호감을 얻는 인상 만들기

제3강
매력적인 외모를 만드는 외면 관리법

제4강
품격을 높이고 관계를 살리는 커뮤니케이션 매너

제5강
인정받고 행복한 조직생활을 위한 소통의 기술

제6강
직장인들이 조직생활과 관련해 궁금해하는 Q&A

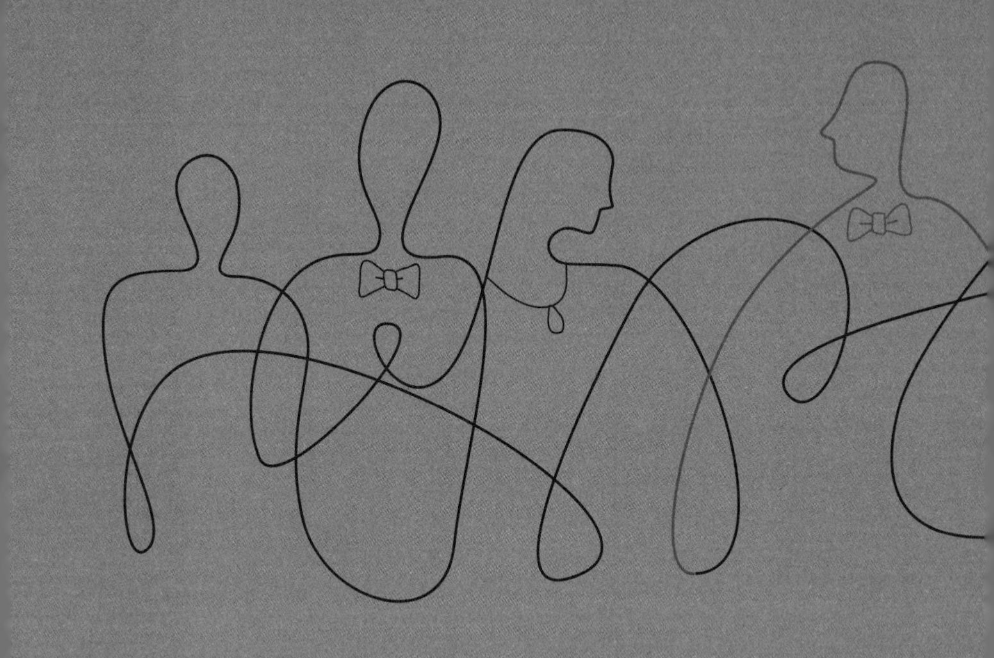

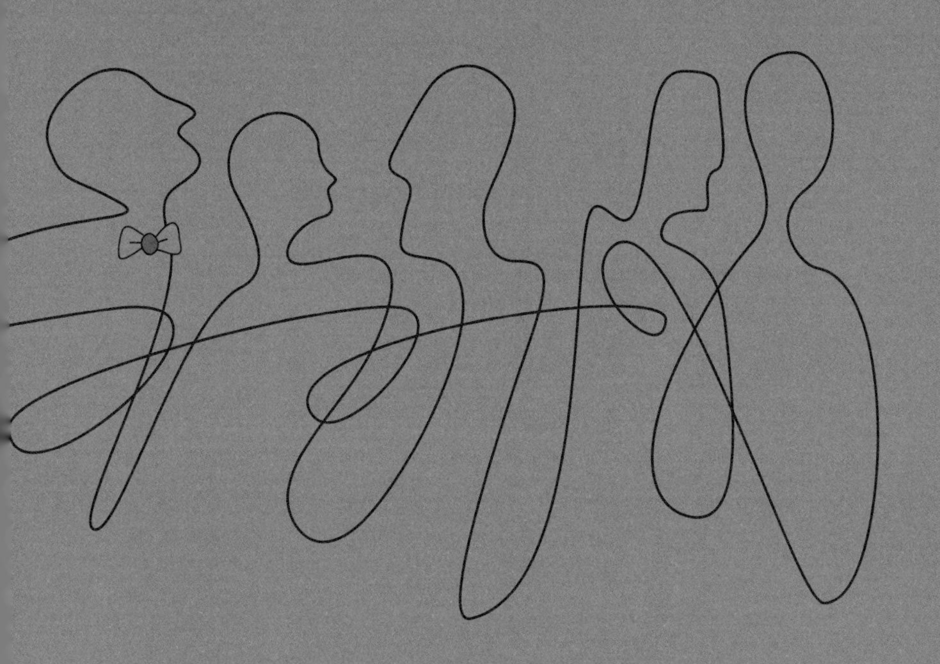

제1강

성공을 부르는 이미지 메이킹 로드맵

이미지 메이킹의 첫걸음

자신이 생각하는 나와 타인이 생각하는 나 사이의 간극 좁히기

인간관계와 업무에서 좋은 이미지를 쌓는 것은 좋은 결과를 위한 필요조건입니다. 좋은 이미지를 갖추기 위해서는 가장 먼저 해야 할 일이 있습니다. '내가 누구인지', '어떤 사람인지' 자신을 잘 파악하는 것입니다. 그러나 자신을 잘 아는 것이 결코 쉬운 일은 아닙니다. 특히 바쁜 현대사회에서는 자신을 돌아볼 여유가 많지 않기에 자기자신을 잘 아는 사람이 많지 않습니다. 자기자신을 잘 알기 위해서는 일정 시간 시끄러운 환경을 벗어나 사색과 명상을 통해 정리의 시간이 필요합니다. 그런데 자신을 제대로 아는 것을 가로막는 세 가지의 착각이 있습니다. 그것을 인식하고 생각을 전환하는 일은 자신의 본모습을 발견하고, 매력적인 이미지를 만들어갈 수 있는 로드맵의 첫 단추라 할 수 있습니다.

1. 첫 번째 착각 - 마음은 보이지 않는다.

강의 시간에 청중에게 "마음은 보일까요? 안 보일까요?"라고 질문을 하면 대부분 "안 보여요!"라고 대답합니다. 과연 마음은 보이지 않을까요? 그렇다면 우리는 상대의 감정을 어떻게 아는 것일까요?

한 사람의 감정과 생각은 눈빛, 표정, 자세, 목소리, 말투, 몸짓 등을 통해 그대로 표현됩니다. 그래서 우리는 마음은 보이지 않는다고 생각하지만 겉으로 드러나고 상대에게 보이게 됩니다.

표정과 목소리, 말투와 자세 등 여러 요소들이 모여 한 사람의 이미지를 형성하기에 이미지는 외모만이 아니라 내면의 모습을 반영해 겉으로 드러나는 느낌을 포함한 총합을 말합니다. 따라서 진정한 '이미지 소통'이란 자신의 의도나 진심을 상황에 맞게 표현하되 최대한 감각기관을 활용해 정확하고 설득력 있게 표현하는 것뿐만 아니라 상대방의 이미지를 통해 상대의 의도와 감정을 이해하는 과정입니다. 그리고 상대방이 원하는 것을 채워주고 내가 원하는 것을 표현해 소통이 이루어져야 사회적 관계가 형성되고 원하는 바를 이룰 수 있습니다.

2. 두 번째 착각 - 내 얼굴은 내 것이다.

'내 얼굴은 내 것이다'라고 생각하는 사람들은 대부분 남의 기분보다는 자기 기분대로 표현합니다. 이러한 행동을 하는 이유를 심리적으로 분석해보면, 자신의 얼굴은 자신의 것이라고 생각하거나 누군가와 만났을 때 그냥 가만히 있으면 아무것도 안 하고 있다고 생각하기 때문입니다. 하지만 그것은 착각입니다.

자신의 얼굴은 대부분의 시간을 남이 보게 됩니다. 결국 내 얼굴은 남이 보라고 존재하는 것이므로 내 얼굴은 곧 남의 것이며, 자신은 관리자일 뿐입니다. 이미지는 만나는 즉시 전염되는 특성이 강해서 설사 우리가 가만히 있어도 나를 보는 상대방의 기분에 크게 영향을 미칩니다.

사회심리학자 찰스 쿨리(Charles Cooley)의 '거울 자아(거울에 비친 자기)'라는 이론이 있습니다. 우리 자신이 스스로의 생김새를 거울에 반사된 영상을 통해서 확인하듯이, 자아라는 것은 나를 둘러싸고 있는 다른 사람들의 나에 대한 반응을 통해 파악하게 된다는 것입니다. 따라서 누군가를 만나면 첫인상의 핵심인 자신의 얼굴이 상대방의 기분을 어떻게 자극하고 있는지를 생각해봐야 합니다. 이것은 인간관계에 밀접한 영향을 미치므로 원만한 인간관계를 위한 길이기도 합니다.

3. 세 번째 착각 - 나에 대해서 내가 가장 잘 안다.

우리는 대부분 '나에 대해서 내가 가장 잘 안다'고 생각합니다. 자기 이미지(Self-image)는 관점에 따라 자기가 보는 주관적인 자기 이미지와 남들이 보는 객관적인 자기 이미지로 나눌 수 있습니다. 또 요소에 따라 내적 이미지(내면), 외적 이미지(외면), 사회적 이미지(관계성)로 나눌 수 있습니다.

자신이 보는 주관적인 자기 이미지는 대부분 착각과 환상 및 편견이 많이 개입되기 때문에 내가 나를 정확히 알지 못하는 경우가 많습니다. 반면 객관적인 자기 이미지는 타인들이 객관적인 잣대로 판단하며, 다수의 평가이기 때문에 비교적 정확한 자기 모습이라고 볼 수 있습니다.

그래서 이미지 메이킹을 통해 자신을 바꾸고 싶다면 자신의 객관적인 이미지를 진단하고 분석하는 작업에서부터 시작해야 합니다. 그리고 객관적인 자기 이미지를 인정하고 수용할 수 있어야 변화할 수 있습니다. 그렇다고 해서 자신이 생각하는 자기 이미지를 믿지 말라는 말이 아닙니다. 객관적인 자기 이미지를 인식하고 진정한 자기 이미지를 주관적으로 세워나가는 것이 중요합니다. 인간관계는 타인의 감정과 평가가 중요한 변수이기에 객관적인 자신을 제대로 알아야 타인들과 소통하고 관계를 제대로 맺을 수 있습니다.

다음 페이지에는 남이 보는 객관적 자기 이미지와 자신이 보는 주관적 자기 이미지를 파악해보는 자가진단지가 있습니다. 자신이 생각하는 '나'의 이미지와 타인이 생각하는 '나'의 이미지를 파악하고 자신의 이미지를 어떻게 만들어가야 할지 생각하는 시간을 가져보시기 바랍니다.

◆ 내가 보는 나의 이미지(주관적 이미지) 알아보기
Subjective Self Image TEST

다음의 질문을 잘 읽고, 귀하의 생각에 가까운 점수의 숫자 칸에 O표나 V표를 해주시기 바랍니다.

이름 (   )

유형	번호	내용	전혀 아니다 1	거의 아니다 2	보통 3	거의 그렇다 4	매우 그렇다 5
얼굴 인상	1	내 얼굴 인상은 따뜻하고 친근한 편이다.	1	2	3	4	5
	2	인사나 대화를 할 때 상대방의 눈을 편안하게 본다.	1	2	3	4	5
	3	내 얼굴 이미지는 단정한 편이다.	1	2	3	4	5
	4	얼굴에 어울리는 헤어와 메이크업을 연출하는 편이다.	1	2	3	4	5
	5	나는 평소 잘 웃고 미소를 자주 짓는 편이다.	1	2	3	4	5
합계		주관적인 얼굴 인상 점수					
언상	6	나의 목소리는 듣기 좋은 편이다.	1	2	3	4	5
	7	나의 말투는 부드럽고 편안한 편이다.	1	2	3	4	5
	8	나는 상대방의 말을 잘 경청하는 편이다.	1	2	3	4	5
	9	나는 상황에 맞게 편안하게 대화를 하는 편이다.	1	2	3	4	5
	10	대화를 할 때 명확한 발음과 어조로 전달력이 좋은 편이다.	1	2	3	4	5

합계		주관적인 언상 점수					
체상	11	앉거나 걸을 때 자세가 반듯하고 바른 편이다.	1	2	3	4	5
	12	인사, 악수, 명함 교환 등의 자세가 정중한 편이다.	1	2	3	4	5
	13	나에게 어울리는 컬러를 잘 알고 입는 편이다.	1	2	3	4	5
	14	내 체형에 맞는 옷차림을 연출하는 편이다.	1	2	3	4	5
	15	대화할 때 제스처를 적절하게 하는 편이다.	1	2	3	4	5
합계		주관적인 체상 점수					
성격 성향	16	나는 부드럽고 친절한 편이다.	1	2	3	4	5
	17	평소 나의 사고는 긍정적인 편이다.	1	2	3	4	5
	18	나는 사교적인 편이다.	1	2	3	4	5
	19	나는 책임감이 강한 편이다	1	2	3	4	5
	20	나는 침착한 편이다.	1	2	3	4	5
합계		주관적인 나의 성격과 성향 점수					
총 합계		주관적인 나의 이미지 점수					

◆ 남이 보는 나의 이미지(객관적 이미지) 알아보기

Objective Self Image TEST

다음의 질문을 잘 읽고, 귀하의 생각에 가까운 점수의 숫자 칸에 O표나 V표를 해주시기 바랍니다. 무기명이므로 솔직하게 체크해주세요

유형	번호	내용	전혀 아니다 1	거의 아니다 2	보통 3	거의 그렇다 4	매우 그렇다 5
얼굴 인상	1	내 얼굴 인상은 따뜻하고 친근한 편입니까?	1	2	3	4	5
	2	인사나 대화를 할 때 상대방의 눈을 편안하게 봅니까?	1	2	3	4	5
	3	내 얼굴 이미지는 단정한 편입니까?	1	2	3	4	5
	4	내 얼굴에 어울리는 헤어와 메이크업을 연출하는 편입니까?	1	2	3	4	5
	5	내가 평소에 잘 웃고 미소를 자주 짓는 편입니까?	1	2	3	4	5
합계		객관적인 얼굴 인상 점수					
언상	6	나의 목소리는 듣기 좋은 편입니까?	1	2	3	4	5
	7	나의 말투는 부드럽고 편안한 편입니까?	1	2	3	4	5
	8	나는 상대방의 말을 잘 경청하는 편입니까?	1	2	3	4	5
	9	나는 상황에 맞게 편안하게 대화를 하는 편입니까?	1	2	3	4	5
	10	대화를 할 때 명확한 발음과 어조로 전달력이 좋은 편입니까?	1	2	3	4	5

합계		객관적인 언상 점수					
체상	11	앉거나 걸을 때 자세가 반듯하고 바른 편입니까?	1	2	3	4	5
	12	인사, 악수, 명함 교환 등의 자세가 정중한 편입니까?	1	2	3	4	5
	13	나에게 어울리는 컬러를 잘 입는 편입니까?	1	2	3	4	5
	14	내 체형에 맞는 옷차림을 연출하는 편입니까?	1	2	3	4	5
	15	대화할 때 제스처를 적절하게 하는 편입니까?	1	2	3	4	5
합계		객관적인 체상 점수					
성격 성향	16	내가 부드럽고 친절한 편입니까?	1	2	3	4	5
	17	평소 내 사고가 긍정적인 편입니까?	1	2	3	4	5
	18	내가 사교적인 편입니까?	1	2	3	4	5
	19	내가 책임감이 강한 편입니까?	1	2	3	4	5
	20	내가 침착한 편입니까?	1	2	3	4	5
합계		객관적인 나의 성격과 성향 점수					
총 합계		객관적인 나의 이미지 점수					

★ 위의 객관적 이미지 알아보기는 최소 10명 이상의 사람에게 체크받도록 합니다.

◆ 셀프 이미지 분석

구분	이미지 요소	주관적 이미지	객관적 이미지	점수 차이
객관적 이미지 분석	얼굴 인상			
	언상			
	체상			
	성격/성향			
	총 합계			

◇ 객관적 이미지 점수는 10명 이상 체크받은 것을 체크받은 사람 수로 나누어 평균점수를 입력합니다.

◇ 각 문항 당 주관적 이미지 – 객관적 이미지 = (?)

1. 얼굴 인상

- 합계점수가 10 이상, 개별 점수가 2 이상 차이가 나는 경우: 호감을 결정하는 얼굴점수가 내가 보는 것보다 남이 보는 것이 더 낮으므로 나도 모르는 사이에 차가운 인상을 줄 수 있는 확률이 높으므로 관리할 필요가 있습니다.
- 합계점수가 -10 이상, 혹은 개별 점수가 –2 이상 차이가 나는 경우: 내가 보는 것보다 남이 보는 점수가 높으므로 얼굴에 대한 지나친 겸손, 또는 불필요한 열등감이 있지 않은지 점검이 필요합니다. 자존감과 자신감을 체크해볼 필요가 있고, 당당함을 가

지려는 노력이 필요합니다.

2. 언상

- 합계점수가 10 이상, 개별 점수가 2 이상 차이가 나는 경우: 신뢰를 결정하는 중요한 요소인 언상 점수가 남이 보는 것이 10 이상 낮다는 결과이므로 대화할 때 경청, 명확한 전달력, 상황에 맞는 화술 등을 점검할 필요가 있습니다. 나는 제대로 대화하고 있다고 생각하지만, 타인의 눈에 비친 모습은 약간 부족한 부분이 있을 수 있으니 점검하고 보완하는 노력이 필요합니다. 특히 개별 점수의 차이가 큰 요소 위주로 점검하고 그것을 집중적으로 관리할 필요가 있습니다.
- 합계점수가 -10 이상, 개별 요소가 -2 이상 차이가 나는 경우: 남이 보는 점수가 더 높은 경우로 남들에게 말을 잘하고 대화능력과 태도가 좋은 것으로 평가받고 있습니다. 그러나 스스로 자신감이 부족하거나 겸손하면 지나친 경우 자기비하나 열등감에 빠질 우려가 있습니다. 자신감을 갖고 대화에 임할 필요가 있습니다.

3. 체상

- 합계점수가 10 이상, 개별점수가 2 이상 차이가 나는 경우: 품격을 결정하는 중요한 요소인 체상점수가 10 이상 남이 보는 것이

더 낮으므로 바른 자세와 상황에 맞는 옷차림과 색상, 제스처와 행동양식 등을 점검해 남들에게 비치는 몸가짐을 점검할 필요가 있습니다. 특히 개별점수가 2 이상 차이가 나는 요소를 중심으로 점검하고 보완하는 노력을 기울인다면 품격 있는 체상을 갖출 수 있습니다.

- 합계 점수가 −10 이상, 개별점수가 −2 이상 차이가 나는 경우: 내가 생각하는 것보다 남이 보는 점수가 더 높으므로 자신감과 자존감, 열등감 등을 점검할 필요가 있습니다. 특히 여성의 경우 자신의 체형에 대해 부정적인 생각을 갖는 경우가 많은데 자신의 체형을 사랑하는 마음을 가질 필요가 있습니다. 특히 -2점 이상 차이가 나는 요소를 중심으로 자신의 체상을 점검해서 좀 더 자신감 있고 당당하게 사회생활에 임하시기 바랍니다.

4. 성격/성향

- 합계점수가 10 이상, 개별 점수가 2 이상 차이가 나는 경우: 성격과 성향은 내적인 요소이지만 표정과 행동, 목소리와 말투 등 드러나는 모습을 통해 평가받습니다. 내가 생각하는 것보다 더욱 타인들이 나를 불친절하고 소극적이며 무뚝뚝한 성격으로 보고 있을 가능성이 큽니다. 내가 생각하는 나는 비즈니스나 인간관계에 필요한 성향과 자질을 갖추고 있다고 생각하고 있지만, 타인의 평가는 나의 기대치보다 낮아서 인정을 덜 받는 억울한 일이

생길 수도 있습니다. 특히 책임감 점수를 비교해서 그 부분이 내가 생각하는 것보다 타인이 평가하는 점수가 낮다면 약속을 잘 지키고 책임을 다하도록 노력해야 합니다. 친절하고 사교적이며 침착한 이미지를 주고 싶다면 평소 웃으면서 먼저 인사하거나 여유를 갖는 태도가 요구됩니다. 개별 요소 점수가 2 이상 차이가 나는 요소에 집중해서 관리할 필요가 있습니다.

- 합계점수가 -10 이상, 개별 점수가 -2 이상 차이가 나는 경우: 내가 생각하는 것보다 타인들이 더 나를 친절하고 사교적이며 책임감이 강하고 침착한 사람으로 평가하고 있습니다. 주관적인 점수와 객관적인 점수 차이가 -2 이상인 요소를 중심으로 점검하고 자신을 제대로 인지하고 수용할 필요가 있으며, 스스로를 존중하고 가치 있게 생각하는 자아존중감을 향상하는 노력이 필요합니다.

★ 전체적인 점수를 비교해보고 다음으로 구체적인 세부 요소별로 비교해서 점수 차이가 2점 이상인 것은 어떤 요소인지 점검해서 차이가 많이 나는 요소 위주로 그 간극을 줄여나가는 노력을 기울이는 것이 더 중요합니다.

성공적인 이미지 메이킹을 위한 로드맵을 만들자

코로나로 인해 디지털 전환이 더욱 빠른 속도로 진행 중입니다. 인공지능, 메타버스, NFT, 블록체인 등 디지털을 기반으로 비즈니스, 소통 방식, 삶의 패러다임이 급격하게 변화하고 있습니다. 이러한 뉴노멀 시대에 자기혁신은 그 어느 때보다 중요한 생존방식이 되고 있습니다.

맥스웰 몰츠는 성형외과 의사로, 수많은 상담과 수술을 진행하면서 한 가지 중요한 사실을 깨달았습니다. 외모를 바꾸기에 앞서 부정적인 내면의 자아 이미지를 바꾸는 '마음의 성형수술'이 반드시 필요하다는 것이었습니다. 그는 또 "모든 자기혁신은 자아 이미지를 바꾸는 것에서 출발한다"라고 자아 이미지를 찾는 것이 자기혁신의 시작이라고 강조했습니다.

자아 이미지는 크게 세 가지로 나눌 수 있습니다. 내적 이미지(생각과 본질, 능력 등), 외적 이미지(생김새, 목소리, 말, 자세와 행동 등), 사회적 이미지(인맥과 스펙 등)입니다.

이미지 메이킹의 개념을 정립한 김경호 교수는 "이미지 메이킹이란 개인이 추구하는 목표를 이루기 위해 자기 이미지를 통합적으로 관리하는 행위다"라고 하면서 다음과 같은 세 가지 개념을 강조했습니다. 다시 말해, 성공적인 이미지 메이킹을 위해서는 다음의 세 가지가 통합적으로 이루어져야 한다는 의미입니다.

첫째는 참자아와 왜곡된 자아의 인식 차이를 축소하거나 제거하는 것입니다. 우리는 자신의 참자아를 제대로 인식하지 못하는 경우가 많습니다. 그로 인해 불필요한 열등감을 가지거나 자신을 무가치한 존재로 생각하기도 하고, 반대로 자신의 실력과 능력을 실제보다 크게 생각해 허영과 망상에 빠지기도 합니다. 우리는 각자 개성과 가치를 가지고 있기 때문에 남보다 우월하거나 열등하다고 평가할 수 없습니다. 그러나 참자아와 왜곡된 자아의 차이를 인식하지 못하면 자신에 대해 왜곡되거나 부정적인 이미지를 갖게 되고, 그것은 다시 자신이 처한 환경에 적응하지 못하게 하는 악순환을 가져옵니다.

또한 참자아를 찾는다는 것은 '내 위치와 신분에 맞는 나의 역할은 무엇인가? 내가 하고 싶은 것과 잘할 수 있는 것은 무엇인가?'를 생각하고 발견하는 것입니다. 자신의 참자아를 찾는 순간 자아는 건강하고 곤긴해지는 힘을 갖게 됩니다.

둘째는 주관적 자아와 객관적 자아의 인식 차이를 축소하거나 없애는 것입니다. '자신이 보는 나'와 '타인이 보는 나'의 차이를 인식하지 못해서 오해와 갈등이 발생하는 경우가 매우 많습니다. 그것은 자신의 참자아를 제대로 파악하지 못했거나 자신의 참모습을 객관적으로 보지 못하는 데서 비롯됩니다. 한 조사에 따르면, 82% 이상이 남들이 평가하는 객관적인 이미지 점수보다 자신을 스스로 평가하는 주관적 이미지 점수가 훨씬 높았다고 합니다. 다시 말해, 대부분의 사람이 타인들이 보는 객관적인 이미지와 자신이 보는 주관적 이미지 사이에 차이가 있다는 것입니다.

만약 자신은 스스로를 성실하고 능력 있다고 생각하는데 정작 남들이 그렇게 봐주지 않으면 갈등과 오해가 생길 수 있습니다. 그것은 남들의 시선이 잘못된 것이 아니라 자신을 표현하는 방법에 문제가 있는 경우가 많습니다. 그래서 이미지 메이킹에서는 객관적인 자아를 발견하고 분석하는 과정이 필요합니다. 앞 페이지의 자기 이미지 분석은 자신을 제대로 파악하기 위한 중요한 작업 중 하나입니다. 그것을 통해 오해가 생기는 원인을 발견해 제거하고, 표현능력을 높이는 노력을 기울이고, 자신의 브랜딩 방향을 점검하는 과정이 필요합니다. 자기 표현이 좋을수록 오해가 줄고 대인관계가 원만하며 비즈니스에서도 좋은 결과를 얻게 됩니다.

셋째는 현실적 자아 상태를 이상적 자아 상태로 끌어올리는 것입니다. 목수가 집을 지을 때 먼저 건축 설계도를 만들고 그 설계도에 따라 건물을 세워나가듯이 사람의 이미지도 목표를 정하고 그에 맞게 설계를 해야 원하는 이미지로 정확하게 만들어나갈 수 있습니다. 우리는 누구나 신분과 역할에 어울리는 최상의 이미지에 대해 관심이 많지만, 정작 그것을 구체적으로 설정하고 이루어나가는 사람은 많지 않습니다. 그러나 자신의 목표, 비전과 연관지어 이상적 자아상을 세우고 단기, 중기, 장기 계획을 세우는 과정이 필요합니다. 자신이 닮고 싶은 멘토나 이상형을 찾아보고, 원하는 모습을 글로 적거나 그림으로 그려보는 것은 자신이 원하는 이상적인 모습에 도달하는 지름길입니다.

직장생활을 어느 정도 하다보면 매너리즘이나 무사안일주의에 빠지기가 쉽습니다. 그러나 세상은 급변하고 있고, 나에게 요구하는 능력도 다양해지고 있기에 안주하는 것은 곧 뒤처지는 것과 같습니다. 태양만 내리쬐면 사막이 되지만, 비가 오고 바람이 불어야 식물도 꽃을 피우고 열매를 맺게 됩니다. 변화로 인한 고통은 더 큰 보상을 위한 작은 조건일 뿐입니다. 하나가 변하면 점진적으로 변화해 결국 전체가 변할 수 있습니다. 자신이 바라는 나와 타인이 바라는 나를 인식하고 그 차이를 좁히며 변화를 거듭하다 보면 마침내 내가 목표로 하는 이미지에 도달할 수 있을 것입니다.

호감도는 이성보다 감성에 의해 좌우된다

인간의 뇌는 사람을 만나면 맨 처음 자극 받는 곳이 감성적인 뇌라고 합니다. 누군가의 첫인상이 좋으면 감성적인 뇌에 쾌감을 느끼면서 기분이 좋아지고, 부정적인 인상을 느끼면 불쾌감을 느낀다고 합니다. 즉, 기분이 좋거나 나빠지는 자극을 주고받는 것입니다. 그래서 우리는 누군가를 만나면 상대에게 보이며 그 짧은 순간에 상대방의 뇌에 자극을 주어 기분에 영향을 미치게 됩니다.

학교폭력의 원인 중 가장 큰 요소가 "왜 기분 나쁘게 째려봐?"라는 것이라고 합니다. 이는 많은 점을 시사합니다. 내가 고의로 상대방의 기분을 상하게 한 것이 아님에도 내가 모르는 사이에 상대방의 기분을 망치게 할 수 있다는 의미입니다.

얼굴 표정뿐만이 아니라 투박한 목소리나 거친 말투, 혹은 태도가 상대의 오해를 불러일으킬 수 있습니다. 또한 오해가 아닌 경우도 많습니다. 성격이 매우 부정적이거나 바른말이지만 기분 나쁘게 표현하는 사람들은 조직에서 배척을 받거나 따돌림을 당하는 경우가 많습니다.

KBS 2TV 〈여유만만〉이라는 프로에서 '끌리는 인상에는 이유가 있다'는 주제에 대한 패널로 출연했을 당시 같은 패널이었던 서울대 심리학과 K교수는 "끌리는 인상을 주는 매력적인 요소가 분명히 있는데 매력을 느낄 때 뇌의 어느 부분에서 쾌감을 느낀다"고 말했습니다. 그리고 인간에게는 미적 본능이 있어서 타고난 외모가 아름답고 잘생긴 사람을 만나면 뇌에 쾌감을 느낀다고 합니다. 그러나 객관적으로 잘생기거나 예쁜 외모가 아니지만 상대방에게 친절하고 행복감을 주는 사람은 똑같이 뇌에 쾌감을 준다고 합니다. 그런데 아름다운 외모의 유통기한은 그리 길지 않아서 짧게는 15분에서 6개월 정도만 효력을 발휘한다고 합니다.

이를 통해 외모만으로 매력을 유지할 수 없음을 알 수 있습니다. 반면 다른 사람의 기분까지 밝고 즐겁게 해주는 표정과 목소리, 매너, 유머 감각, 화법 등의 사회적 기술이 좋으면 그 사람의 매력은 유통기한이 없습니다.

매력적인 사람을 만났을 때 쾌감을 느끼는 부위가 칭찬을 들었을 때나 맛있는 음식을 먹었을 때, 또는 선물을 받았을 때 쾌감을 느끼는 부위와 같다고 합니다. 그래서 비즈니스 미팅이나 개인적인 관계에서 누군가와 좋은 관계를 유지하고 싶다면 일단 기분 좋은 인상을 줄 수 있어야 합니다. 그리고 가끔 맛있는 식사를 대접해보세요. 또한 합법적이고 부담스럽지 않은 범위 내에서 상대가 좋아할 만한 선물을 전달한다면 싫어하는 사람은 없을 것입니다. 거기에 대화를 하면서 적당한 칭찬을 곁들인다면 호감도는 더욱 높아질 것입니다.

인간관계는 기분이 좌우한다 해도 과언이 아닙니다. 사람들은 크고 대단한 일보다는 작은 일에 쉽게 감동합니다. 유능하고 전문성을 갖추었다고 할지라도 만났을 때 좋은 인상을 주지 못하면 협업이나 계약이 성사되기 어렵습니다. 그 외에도 중요한 면접이나 반려자를 만나기 위한 맞선 자리, 혹은 영업과 서비스 현장에서 좋은 인상을 주었는지에 따라 만족도와 결과가 결정됩니다. 특히 SNS, 라이브 소셜 커머스, 스마트 스토어 등 온라인 비즈니스에서도 고객과의 지속적인 관계는 내 채널이 이용자들에게 얼마나 호감을 주고 있는지가 좌우합니다. 그래서 내 채널의 호감도가 얼마나 되는지 점검하고 업그레이드하는 노력이 필요합니다.

호감도와 인기는 이성으로 평가되는 실력과 품질도 영향을 주지만 그보다 먼저 강하게 반응하는 감성이 더욱 크게 작용하기 때문입니다.

이미지 관리의 반은 인간관계 관리

인간(人間)이라는 한자를 풀어 보면 인(人)은 서로 기대어 있어 사랑하는 존재임을 표현하고 있고, 간(間)은 사이라는 뜻입니다. 그래서 인간은 적절한 사이(간격)에서 사랑하는 존재라는 의미입니다. 우리는 타인들과 관계를 형성하고, 협력하며, 사랑을 나누며 살아가는 존재입니다. 그래서 건강하고 바람직한 인간관계는 관계유형에 따라 적절한 사이가 필요하고, 또 그에 맞는 소통 능력과 매너 등이 필요합니다.

행복과 성공의 조건에 대한 수많은 연구를 살펴보면, 반드시 인간관계 능력이 포함되는데 인간은 관계 속에서 존재 가치를 찾고 성과를 창출하기 때문입니다.

흔히 "적을 만들지 말라!"는 말을 합니다. 조직이 무너지는 것은

3%의 반대자 때문이며, 열 명의 친구가 한 명의 적을 당하지 못한다는 말이 있을 정도로 불편한 관계나 적이 생기면 위험요소가 많아지게 됩니다.

직장이나 모임 등의 조직에서 아무리 노력해도 맞지 않고, 싫은 사람이 분명 있을 것입니다. "절이 싫으면 중이 떠나라"라는 말이 있지만, 대부분은 떠날 수 없는 상황이기에 스트레스를 받으며 그 상황을 견디며 지내게 됩니다. 이때 나의 관점과 마음가짐을 바꾸고 언행을 조심하는 것이 문제 해결의 지름길입니다. 적을 만들게 되는 가장 큰 이유는 상대방의 기분을 상하게 하는 언행입니다. 자기 입장만 생각하고 말하고 행동하는 것이 상대방의 오해와 반감을 사고 갈등과 분쟁을 유발하게 됩니다.

또한 직장이라는 일터에 대해서 개념을 재정립해보는 것이 좋습니다. 직장이라는 곳은 단지 돈을 벌기 위한 곳이 아니라 내 전문성을 확장하고, 자아를 실현하며, 많은 사람과 생활하며 인격적으로 수양하는 훈련소이기도 합니다. 또한 동료들을 만나는 소중한 곳이기도 합니다.

그렇다면 나를 싫어하는 사람, 또는 내가 별로 좋아하지 않는 사람과 잘 지내려면 어떻게 해야 할까요?

첫째, 속마음을 너무 솔직하게 표현하거나 본심을 드러내지 말아야 합니다. 인간관계에서는 속마음을 많이 보일수록 자기 패를 보여주는 것과 같아서 불리한 입장이 되기 쉽습니다. 그것은 리더일수록 더욱 주의해야 할 사항입니다. 리더는 많은 계층의 사람들을 포용하고 이끌어야 하는데 개인의 감정을 드러내면 적이 생기고 리더십에 금이 가게 됩니다. 기업이나 기관 등의 조직에서는 원칙에 따라 행동하는 것이 중요합니다.

둘째, 원칙을 세우고 그것에 근거해 행동하고 기본 매너를 지켜야 합니다. 그러면 설사 사이가 좋지 않은 사람이 있다 해도 업무적으로는 크게 갈등을 유발할 일이 없습니다. 특히 갈수록 협업이 업무의 성과를 좌우하고 있으므로 이러한 태도를 유지하는 것이 매우 중요합니다.

저는 오랫동안 대학과 대학원에서 학생들을 가르치다 보니 많은 학생을 만나게 됩니다. 그래서 신학기에는 성적평가와 수업방식에 대한 기준과 원칙을 분명하게 전달합니다. 그렇지 않으면 오해와 불만이 생길 수도 있기 때문입니다. 학교 강의는 반드시 성적 평가가 뒤따릅니다. 평가는 평소 수업태도나 봉사점수를 반영하고 출석률과 시험이나 과제제출에 근거하는데, 반드시 사전에 전달했던 기준과 원칙을 따릅니다.

학교나 직장에서의 인간관계는 양날의 칼과 같습니다. 좋을 때는 모든 것을 다 이해해주고 이해받을 수 있을 것처럼 좋은 관계가 될 수 있지만, 불만이나 갈등이 생기면 상황은 완전히 반대가 됩니다. 그럴 때일수록 공정성을 기반으로 원칙에 근거해서 해결한다면 큰 문제가 생기지 않습니다.

셋째, 감정을 자제하고 시간의 흐름에 맡기는 것입니다. 시간이 흐르다 보면 서로의 감정적 오해를 풀 계기를 만나기도 하고 감정의 고리가 저절로 풀리기도 합니다. 불편한 관계는 시간을 통해 자연스럽게 해결되는 경우도 많기에 관계가 불편한 사람들과는 미리 관계의 마지노선을 정하지 말고, 감정을 자제하며 조용히 놔둔 상태로 지내는 것이 가장 좋은 해결책이기도 합니다.

"어제의 동지가 오늘의 적이 되기도 하고, 오늘의 적이 내일의 동지가 되기도 한다"라는 말이 있습니다. 이는 사회생활을 하는 사람이라면 누구나 공감할 것입니다. 특히 정치나 비즈니스 현장에서는 각자의 이익을 위해서 관계를 맺기 때문에 반드시 명심해야 할 사항입니다.

인간관계의 문제는 대부분 나를 싫어하는 사람과의 관계에서 일어납니다. 그러나 이미지 관리란 곧 인간관계를 잘 관리하는 것이기도 합니다. 모든 사람에게 인기 있는 사람이 될 수는 없지만, 적어도 나를 싫어하고 뒤에서 내 평판에 흠을 내는 적을 만들지 말아야 합니다.

'나를 싫어하는 사람과 잘 지내기'는 곧 성공적으로 사회생활을 하는 방법이자 이미지를 잘 관리할 수 있는 한 방법입니다.

매력은 사람을 얻는 조용한 권력이자 자본이다

2015년 〈ZD Net Korea〉에 다음과 같은 기사가 실렸습니다.

'MIT 컴퓨터과학/인공지능연구소(CSAIL)에서 관상학 알고리즘을 개발해 유명 CEO 14명의 얼굴을 분석, 평가했다.

이 프로그램을 이용해서 미국의 유명 CEO 14명의 얼굴을 분석하고 평가한 기준은 바로 '기억성(Memorability)'이었다. 사람들의 뇌리에 얼마나 좋은 인상으로 오래 기억될 수 있는가가 평가 기준이었다. 척도는 0~1점으로 점수가 높을수록 기억성이 높아 인상이 좋다는 의미다. 그 결과는 다음과 같다.

14위는 0.769점을 얻은 구글 공동 창업자이자 CEO인 래리 페이지, 13위는 0.79점을 얻은 아메리칸익스프레스의 CEO 케네스 체르노, 12위는 0.81점을 얻은 방산업체 록히드마틴의 CEO 마릴

린 휴슨, 11위는 0.816점을 받은 휴렛패커드 CEO 메그 휘트먼, 10위는 0.836점을 받은 제너럴모터스의 CEO 마리 바라, 9위는 0.838점을 받은 스타벅스 CEO 하워드 슐츠, 8위는 0.848점을 받은 오라클 공동 CEO 사프라 카츠, 7위는 0.85점을 받은 제록스의 CEO 우르술라 번스, 6위는 0.87점을 받은 애플의 CEO 팀 쿡, 5위는 0.876점을 받은 테슬라자동차 CEO 엘론 머스크, 4위는 0.888점을 받은 펩시코의 CEO 인드라 누이, 3위는 0.889점을 받은 월트디즈니의 CEO 밥 이게르, 2위는 0.9점을 받은 야후의 CEO 마리사 메이어, 1위는 0.928점을 얻은 페이스북의 CEO 마크 저커버그가 차지했다.

이 연구를 주관한 아우데 올리바 수석연구원은 "친근감은 호감을 강화하게 된다"고 설명했다.'

만나는 사람들에게 신뢰를 주고 싶은 욕구는 누구나 갖고 있을 것입니다. 이 연구는 신뢰는 호감에서 비롯되고 호감을 강화할 수 있는 가장 중요한 것이 친근감임을 보여줍니다.

미국 역대 대통령들의 멘토로서 국제정치와 리더십을 연구해온 하버드대 케네디스쿨의 조지프 나이 교수는 "권력이란 강요와 보상이 아니라 매력으로 상대를 움직여 원하는 것을 얻는 것"이라고 말했습니다. 그는 그것을 '소프트 파워'라 일컬으며 구체적인 요소로 비전, 정서지능, 소통을 강조했습니다. 리더라면 구성원들과 비전을 공유하고, 서로 공감하면서 정서적인 교류를 할 수 있어야 하고, 소통을 원만하게 이끌 수 있어야 한다는 것입니다.

또 영국의 런던정치경제대학교 캐서린 하킴 교수는 옥스퍼드대 저널지(2010년)에 경제적 자본, 문화적 자본, 사회적 자본에 이어 제4의 자본을 매력 자본이라고 했습니다. 그는 매력의 요소들을 구체적으로 제시하는데 매력적인 외모와 건강한 몸, 사교술과 유머감각, 활력과 세련된 패션스타일, 메이크업 등으로 신체적 매력과 사회적 스킬이 합쳐져 매력 자본이 형성된다고 했습니다. 또한 그렇게 형성된 매력 자본은 일상을 지배하는 조용한 권력이라고 말했습니다.

한번은 대기업 CEO 이미지 컨설팅을 맡았을 때의 일입니다. 컨설팅을 의뢰한 담당 직원의 말에 의하면 그 CEO는 매우 유능한 인물인데 회의시간에 성과의 결과나 보고서 양식 등이 마음에 들지 않으면 험한 말을 서슴없이 내뱉어서 회의시간만 되면 공포 분위기가 조성된다고 했습니다. 그래서 임원들과 구성원들의 긴장감과 불만도가 매우 높다는 것입니다.

리더의 이미지 컨설팅은 많은 공부와 준비가 필요해서 며칠간 열심히 준비해 직접적인 조언은 오히려 역효과를 주므로 다양한 연구자료와 외국 사례를 찾아서 CEO의 경영 이미지와 소통 컨설팅을 진행했습니다. 그에게는 외국의 이상적인 CEO의 사례를 보여주고 내부의 목소리를 들려주는 것이 무엇보다 필요해 보였습니다. 그래서 이미지 진단 프로그램을 이용해 내부 구성원이 평가하는 CEO

의 이미지(객관적인 자아 이미지) 점수를 조사하고 난 후에 CEO 본인 스스로 자신에 대한 이미지(주관적인 자아 이미지)를 평가하게 했습니다. 그 결과는 객관적인 자아와 주관적인 자아 사이의 점수 차이가 충격적일 만큼 컸는데, 당연히 CEO 본인이 평가한 점수가 훨씬 높았습니다. 그 CEO는 결과를 보고 나서 잠시 충격을 받은 듯했는데, 그 차이를 줄일 수 있는 구체적인 방법을 모색해 달라고 요청했습니다.

저는 그 CEO분께 어둡고 딱딱한 표정을 바꾸는 운동을 시작으로 이미지를 바꿀 수 있는 몇 가지 방법을 제안했습니다. CEO분은 구성원들로부터 인정받고 싶은 욕구가 강해 변화하고자 하는 의지가 확고했습니다. 예정된 7회 중 2회 컨설팅이 지나고 3회차 컨설팅을 위해 기업을 방문했을 때 담당 직원이 감사하다는 말을 여러 번 하면서 컨설팅 효과가 나타나서 조직 분위기가 고무되기 시작했다고 말했습니다.

저는 여러 가지를 제안했지만, 그중에 다음과 같은 제안을 했습니다. "구성원을 만나면 웃어주기만 해도 좋으니 말을 되도록 줄이고, 하더라도 긍정적인 격려만 해주세요. 그리고 신입사원을 만나러 갈 때는 복장이 자유로운 금요일을 택해서 라운드 티셔츠에 청바지를 입고 가보세요."

대기업이다 보니 CEO분은 하루에 1개 층의 직원을 만났는데 주로 건네는 대화는 "힘들지 않아요?", "혹시 근무하면서 힘든 거 있으면 편하게 요청해요", "옥상에 가서 경치도 보면서 일해요" 등 부드럽고 격려가 담긴 말이었다고 합니다.

CEO의 등장이 회사에 소문이 나면서 어둡고 무거웠던 조직 분위기가 생기가 돌기 시작했고, 엄격하고 부담스럽다는 소문의 주인공인 CEO를 직접 만나보니 그러한 소문이 편견이라는 여론이 형성되기 시작했다고 합니다. 결과적으로 CEO가 전 직원을 만나고 난 뒤에는 직원들의 CEO에 대한 이미지가 완전히 바뀌었다고 합니다. 특히 젊은 세대 구성원들은 CEO의 얼굴을 직접 볼 일이 없었는데 사진 속 얼굴 인상보다 훨씬 밝고 친근하다고 대부분 평가했고, 다정한 말투와 젊어 보이는 캐주얼 차림을 통해 젊고 열린 마음을 가진 리더로 인식되었다고 합니다.

리더는 회의 시간이나 대화의 시간에 지적이나 잔소리를 하면서 구성원들에게 자기를 보호하려는 방어기제를 자극하기보다는 편안함과 존중받는 느낌, 즉 친근감을 주는 것이 매우 중요합니다. 그러한 리더가 마음을 열고 자신의 의견을 소신껏 이야기하는 분위기를 이끌어내고, 유연한 조직문화를 조성합니다. 이것은 비단 리더뿐만이 아니라 사회생활을 하는 우리 모두에게 해당하는 사항입니다. 좋은 인상은 친근함에서 나오고, 사람들과의 원만한 관계와 좋은 이미지는 행복한 직장생활과 함께 좋은 성과로 이어집니다.

협업의 대가 윤은기 회장에게 배우는 디지털 시대 협업의 중요성

《협업으로 창조하라》를 집필한 한국협업진흥협회 윤은기 회장은 지금은 문명의 대전환기로, '신자유주의 시대'에서 '신인본주의 시대'로, '두뇌경제'에서 '마음경제'로 패러다임이 크게 바뀌고 있다고 말하며 '협업'과 '사람'을 강조합니다. 또한 앞으로는 예전처럼 생산성이나 능률만으로 살아남을 수 있는 시대가 아니라 개인과 부서, 조직, 산업 간의 적극적인 교류와 소통을 통해 메가 시너지를 창출해야 하는 시대라고 지적합니다.

윤은기 회장은 4차 산업혁명 시대에는 서로 다른 것을 연결하고 재창조하는 능력이 무엇보다 중요하며, 이를 위해 '협업'은 곧 경쟁력이라고 강조합니다.

실제로 각 기업들도 인재를 선발하는 데 있어서 이러한 부분을 중점적으로 평가하고 있습니다. 구글과 마이크로소프트의 인재상 중에 '내 동료의 성공을 도와줄 수 있는 인성'이라는 요소가 있습니다. 이는 서로를 도와주고 협업할 수 있는 능력을 인재를 선발하는 데 있어 중요한 능력으로 평가하는 것입니다. 이에 따라 뛰어난 능력에 앞서 협업 능력이 뛰어난 사람이 각광받는 시대가 되었습니다.

그렇다면 수평적인 구조의 조직문화를 만들고 협업을 이끌기 위해서는 어떤 자세가 필요할까요?

1. 나이와 직위를 떠나 상대에게 경청하는 열린 자세가 필요하다.

조직에서 젊은 세대들에게 상사와 대화가 잘 이루어지지 않는 이유가 무엇인지에 대한 인터뷰를 진행한 적이 있습니다. 그 결과는 이러했습니다. 젊은 세대는 상사가 나이를 내려놓고 일단 말을 들어주었으면 좋겠다고 말합니다. 또한 모르거나 부족한 부분을 감추려 하지 말고 허심탄회하게 털어놓고 도움을 요청하는 진정성이 필요하다고 했습니다. 허심탄회한 대화가 어려운 이유 중 하나는 권위의식이나 직위가 높으니 다 알아야 한다는 고정관념에서 솔직한 대화가 이루어지지 않기 때문입니다. 하이테크로 인한 패러다임의 변화로 수평적 문화가 조직은 물론 사회적으로 확산되고 있습니다. 나이나 직위를 떠나 상대의 말에 경청하는 자세로 대화를 하면 원활한 소통이 이루어질 수 있습니다.

2. 상대방을 존중하는 언어를 사용하기.

조직이나 부서에서 동료끼리 친해지면 상사가 후배의 이름을 부르는 경우가 많습니다. 특히 협력업체 직원을 친근하게 대한다는 생각에 이름을 부르기도 합니다. 그러나 조직이나 사회생활에서는 공과 사를 잘 구분할 필요가 있습니다. 상대를 존중하는 호칭이 오히려 신뢰를 높입니다. 같은 나이대의 동료라고 하더라도 공적인 장소에서는 이름을 부르거나 반말을 쓰지 말고 존댓말을 쓰는 것이 좋습니다. 조직에서는 상대를 존중하는 호칭과 존댓말을 사용해 일정한 거리를 유지하는 것이 전체 조직의 원활한 운영에 더 도움이 됩니다.

3. 상대에게 관심을 기울이고 배려하기.

상대방에 대한 관심이 없으면 그 사람을 이해할 수 없고, 공감하기는 더 어렵습니다. 예를 들면 상대방이 감기가 걸렸던 것을 알았다면 관심이 있는 사람은 만나면 즉시 "감기에 걸려서 고생 많이 하셨다고 하던데 지금은 어떠세요? 다행히 얼굴이 좋아 보이시네요"라고 안부 인사를 건넬 것입니다. 상대를 잘 살피는 것은 공감 능력을 잘 발휘할 수 있는 지름길입니다. 그리고 상대가 좋아하고 싫어하는 것을 관심 있게 살펴 상황에 따라 배려를 해주는 센스가 필요합니다. 나에게 관심을 갖고 공감하고 배려하는 사람과 협력하고 싶어 하지 않는 사람은 없을 것입니다.

4. 약속을 성실하게 이행하기.

협업관계에서 가장 중요한 것 중 하나는 약속을 지키는 것입니다. 만남의 장소 및 일정은 말로만 하지 말고 문자로 정확하게 남겨야 착오를 예방할 수 있습니다. 그리고 만남 하루 전에 확인하는 절차가 필요합니다. 약속을 잊어버리거나 시간을 잘못 알고 있는 경우가 간혹 있기에 재확인을 한다면 신뢰감을 높이게 됩니다.

5. 상황과 때에 맞는 인사를 꼭 전하기.

인간관계, 특히 조직 내에서는 인사가 중요합니다. 인사는 "안녕하세요"만을 말하는 것이 아닙니다. 실수를 했을 때는 즉시 "죄송합니다"라고 사과하고, 고마운 일에는 "감사합니다"라고 상황에 맞는 인사를 건네야 합니다. 특히 리더나 상사일수록 아랫사람에게 사과하는 경우가 많지 않습니다. 또한 상대방이 잘한 것에 대한 칭찬도 타이밍이 중요합니다. 축하해줘야 할 때 축하한다는 인사를 해주면 좋은 관계가 유지될 수 있습니다.

좋은 이미지는 브랜드 가치를 높인다

광고모델의 매력이 광고상품 평가에 영향을 미치는지에 대한 다수의 연구에 따르면, 광고모델의 매력과 인기가 높을수록 상품에 대한 호감도도 높고 소비자의 구매행동으로 이어지는 확률이 높다고 합니다. 이것이 기업들이 광고모델에 거액을 투자하는 이유입니다. 예전에는 상품의 장점을 일일이 보여주는 형식이 대부분이었습니다. 그러나 갈수록 매력적인 인물, 배경, 색감 등을 이용해서 소비자의 감성을 자극하는 이미지 광고로 전환되는 추세입니다. 소비자들의 호기심과 상상력을 이끌어내고 소비욕구를 자극하는 이미지 광고가 훨씬 효과적이기 때문입니다.

이미지는 한눈에 많은 것을 보여주기 때문에 전달력이 강합니다. 또한 언어가 통하지 않아도 이미지를 통해 의미가 통하는 장점이 있어 이미지 마케팅은 글로벌 시대에 더 넓은 시장을 개척할 수 있는 효과적인 마케팅 수단입니다.

우리는 유명한 상표가 붙은 상품은 믿고 사게 됩니다. 그것이 바로 브랜드 이미지에 의한 후광 효과입니다. 상품이나 기업에 대한 브랜드 이미지가 좋으면 그 상품은 '좋을 것이다'라는 긍정적인 맥락, 즉 선입견을 형성해 똑같은 조건이어도 그 상품을 선택하게 됩니다. 그러므로 개인이나 기업, 국가의 브랜드 가치를 높이는 것은 매우 중요하고 또 효과적인 투자라 할 수 있습니다.

개인이든 기업이든 처음부터 어떠한 이미지로 인정받고 싶은지 자신의 이상적인 자아상, 혹은 소비자에게 사랑받기 위한 상품의 이미지를 수립하고 그에 따라 표현하는 전략이 필요합니다.

퍼스널 브랜딩에서 이미지 마케팅 전략을 세울 때 눈빛, 표정, 헤어스타일, 옷차림, 걸음걸이와 자세, 말투, 말의 속도와 목소리뿐만 아니라 SNS 마케팅과 책을 쓰거나 로고를 만드는 일까지도 통합적으로 관리하는 것이 필요합니다. 그러한 통합적인 전략이 있어야 성공적인 이미지 브랜딩을 할 수 있습니다.

이미지로 마케팅을 하는 것이 쉬운 일은 아니지만, 부가가치가 매우 크기 때문에 투자 가치가 높습니다. 그러나 좋은 이미지를 심는 데는 오랜 시간이 걸리지만, 좋았던 이미지가 추락하는 것은 한 순간입니다. 위기의 상황에서 이미지 관리의 실패로 유명인사나 기업, 나라의 신뢰도가 급격하게 떨어지는 일을 흔히 보게 됩니다. 그래서 이미지 마케팅은 적절한 타이밍을 놓치지 않는 것도 중요하지만, 이미지를 실추하지 않도록 철저하게 관리하는 것이 더 중요합니다. 예를 들어 도요타 자동차는 차의 결함을 인정하지 않다가 뒤늦게 소비자에게 사과하고 리콜을 결정함으로써 기업의 이미지에 큰 타격을 입고 경제적인 큰 손실을 보았습니다. 좋았던 이미지가 무너져 부정적인 이미지로 인식되면, 그것을 바꾸기란 쉽지 않습니다. 사람들은 심리적으로 긍정적인 것보다 부정적인 것을 훨씬 더 잘 기억하기 때문입니다.

기업의 이미지를 평가하고 결정하는 것은 소비자들이기에 결국 소비자가 사용하는 상품이나 소비자와 만나는 직장인의 이미지에 따라 기업의 브랜드 가치가 결정됩니다. 따라서 고객을 만나는 접점에서 소비자의 마음을 얻을 수 있도록 좋은 이미지를 만드는 것은 돈을 들이지 않고 최고의 홍보와 마케팅 효과를 얻을 수 있는 전략입니다. 조직에 속한 사람들은 '나 하나쯤이야'가 아니라 '나로 인해'라는 생각으로 '내가 우리 조직의 브랜드 가치를 결정한다'는 생각으로 책임감을 가질 필요가 있습니다. 그리고 그러한 노력이 자신의 몸값을 높이는 길과 연결됩니다.

이미지 메이킹
롤모델에게 배우는 고급인재의 조건

중국에서는 당나라 태종 때 관리를 뽑기 위해서 선발기준으로 삼았던 것이 있는데, 신언서판(身言書判)이라는 것입니다. 생김새(호감가는 용모), 말씨(명확하고 논리적인 말), 문장력(이치에 맞는 글), 판단력(현명한 판단력)을 보고 인재를 판단한다는 것입니다. 우리나라의 경우 이 문화가 고려시대 광종 때 도입되어 조선시대까지 쭉 이어졌습니다. 이는 2500여 년 전부터 시작된 인상학이 바탕이 된 것이 아닐까 생각합니다. 인상학은 얼굴 인상만이 아니라 말에 해당하는 언상과 자세와 행동, 옷차림 등에 해당하는 체상을 모두 포함합니다. 신언서판이든 인상이든 예로부터 인재를 뽑을 때 그 사람의 내면을 외면으로 얼마나 조화롭게 표현해서 호감과 신뢰를 얻느냐를 중시했다는 점에 주목할 필요가 있습니다. 그렇다면 서양의 경우는 어떨까요?

미국에서 가장 존경받는 대통령은 1위가 제16대 대통령 링컨이고, 가장 매력적이고 인기 있는 대통령으로 꼽히는 인물이 1위가 케네디, 그다음은 클린턴과 오바마입니다. 그렇다면 왜 많은 사람이 그들에게 호감을 갖는 것일까요? 여기에서는 케네디와 오바마의 매력을 분석해 보겠습니다.

이미지 컨설턴트로서 대선후보와 정치인 이미지 컨설팅을 많이 하다 보니 대선 때가 되면 각 방송사로부터 섭외를 받아 선거 관련 다큐를 제작하거나 시사 프로그램을 제작하곤 합니다. 한번은 모 방송사 다큐멘터리 프로그램에 참여하게 되었습니다. 그때 방송사에서 케네디와 닉슨이 최초로 TV토론을 했던 동영상을 제공해주어 분석을 진행하게 되었습니다.

사전 지지율에서 큰 차이로 앞서 있던 닉슨은 거의 승리를 예감하고 있었고, 여론 또한 닉슨을 점찍고 있었습니다. 닉슨은 다소 거만한 듯한 자세와 냉소적인 표정으로 토론을 했고, 패션도 블루 그레이에 의상 핏감이 여유가 많아 흑백 TV에 비친 닉슨은 힘이 없고 나이가 들어 보입니다. 앉아 있는 자세도 허리를 펴지 않아 구부정했고, 서 있는 자세도 단상에 기대듯이 서서 별다른 제스처도 없었고 카메라보다는 질문자나 케네디를 보면서 토론에 임해 자신감이 있어 보이지 않습니다. 실제로 닉슨은 매우 유능하고 언변이 뛰어난 달변가로 알려져 있었는데, TV토론 전에 진행되었던 라디오 토론에서는 회차를 거듭할수록 지지율이 올라가고 있는 상황이었습니다.

반면 케네디는 정치 경력이 닉슨에 비해 매우 짧았고, 인지도가 상대적으로 낮아서 승리하기가 어려운 상황이었습니다. TV토론에서 그는 단정하고 강렬한 컬러의 의상을 입고, 토론 내내 허리와 어깨를 펴고 있으며, 서거나 앉은 자세도 당당하며 계속 밝은 표정으로 카메라에 시선을 줍니다. 또한 토론을 할 때는 하이톤이긴 하지만, 제스처와 함께 강조하고 싶은 곳에는 악센트를 주며 설득력 있게 토론을 펼칩니다.

그 결과 케네디가 미국의 제35대 대통령에 당선되었습니다. 그는 대통령 임기 2년 10개월 만에 피살되었음에도 지금까지 많은 사람의 가슴속에 가장 매력적인 대통령으로 남아 있습니다. 여론조사 결과를 보면, 그의 인기 요인은 젊고 활기 있는 이미지와 국민에게 희망과 변화를 느끼게 하는 자신감, 논리적인 연설 등이었습니다.

"국가가 여러분에게 무엇을 해줄 것인지를 묻지 말고, 여러분이 국가를 위해 무엇을 할 수 있는지를 물어보십시오"라는 연설은 역대 명연설로 꼽히면서 지금까지도 회자되고 있습니다.

오바마도 혜성처럼 등장했습니다. 2004년 무명에 가까웠던 한 신인 정치인이 무대에 올라 찬조 연설을 합니다. 당시 부시의 연임 도전에 대항마로 나선 존 케리/ 존 에드워드의 민주당 전당대회 무대였습니다. 잘생기고 미소가 가득한 얼굴에 좋은 목소리, 정확한 발음, 강조할 부분에서 악센트를 주거나 반복법을 쓰며 강조하는 리듬감, 무엇보다 딱딱한 사실이나 정책이 아니라 사람 중심의 스토리텔링으로 공감과 희망을 이끌어내는 그의 연설에 온 국민은 마음을 빼앗겼습니다. 오바마는 그 무대에서 자신만의 매력으로 미국 국민의 마음을 사로잡았고 새로운 희망의 정치후보로 강한 인상을 남겼습니다. 그리고 4년 후 2008년 대선후보로 도전해서 제44대 대통령이 되었습니다. 그의 선거 유세현장에서는 언제나 공감과 희망의 매력적인 스토리텔링 형식의 연설과 그의 미소와 자신감 넘치는 제스처와 바디랭귀지가 화제가 되었고, 그러한 매력으로 인해 그는 국민의 공감과 마음을 얻었습니다.

그는 케냐 출신의 유학생이었던 흑인 아버지와 인류학자였던 백인 어머니 사이에서 태어났으나 2세 때 부모의 이혼으로 조부모와 함께 지낸 시간이 더 많았고, 재혼한 어머니와 계부 밑에서 중학교 시절을 보내고 다시 조부모와 지냈습니다. 오바마의 유년 시절과 청소년기는 늘 불안정했습니다. 고등학교 때는 마약에까지 손을 댔는데 그 사실이 알려지면서 선거 기간에 공격을 받아 정치생명에 위기가 찾아오기도 했습니다. 그러나 그는 자신의 힘들었던 삶을 솔직하게 털어놓으며 그렇게 힘든 시절에 해서는 안 될 실수를 했다고 인정하며 고백했습니다. 이러한 모습에 미국 국민은 오히려 오바마에게 동정을 보냈고, 그를 용서했습니다.

그는 리더로서 여러 가지 장점을 갖고 있는 인물입니다. 상대를 편안하게 해주는 미소, 쉽고 재미있게 전달하는 스피치, 자신감 넘치는 바디랭귀지, 권위의식을 벗어던지고 국민과 함께 소통하는 겸손함은 그가 왜 존경받는 리더인지를 설명해주는 요소들입니다.

오바마는 대통령에 당선된 뒤에도 군인들과 어울려 농구를 하고, 대중 앞에서 대통령이라는 타이틀을 벗어던지고 마이클 잭슨 춤을 추기도 했습니다. 또 일반 시민들과 야구를 하고, 트위터를 통해 직접 소통을 하며 미국 국민의 마음속에 가장 인간미 넘치는 대통령으로 자리잡았습니다.

남을 끌어당기는 매력은 외모와 능력만으로는 부족합니다. 타고난 외모보다는 따뜻하고 친근한 미소와 태도, 상대에게 공감을 끌어내는 언변, 진정성 있는 행동, 상대방을 존중하는 자세, 유머 감각, 자신만의 개성 등을 고루 갖추고 있어야 합니다.

만인의 귀감이 되는 인물들은 분명 성공할 만한 요소들을 갖추고 있습니다. 그것을 잘 분석해 자신의 부족한 점을 보완해나간다면 어디에서나 환영받는 인재의 조건을 갖추게 될 것입니다.

이미지는 내면과 외면을 통합적으로 보여주는 이력서

요즘 사람들의 라이프 스타일을 살펴보면, 싼 점심을 먹더라도 식후 분위기 좋은 카페에 가서 점심값보다 비싼 커피와 디저트를 즐깁니다. 또한 '얼마나 더 멋지고 곱게 나이를 먹을 수 있을까?'에 관심이 많습니다. 이는 기업의 광고에서도 두드러지게 나타납니다. 21세기를 '이미지 시대'라고 하는 이유가 여기에 있습니다. 그런데 이미지에는 몇 가지 특성이 있습니다.

첫 번째는 대표성이 있다는 것입니다. 개인의 이미지는 단순히 한 개인의 가치와 능력을 평가받는 것만이 아니라 자신이 몸담은 조직의 이미지를 대표하게 됩니다. 그래서 한 사람의 이미지는 대표성이라는 특성이 존재합니다. 결국 개인의 이미지가 좋은가, 나쁜가에 따라 속한 조직의 브랜드 가치가 높아질 수도 낮아질 수도 있습니다. 그러므로 조직에 속한 구성원일수록 자신의 이미지에 책임을 지고 잘 관리할 필요가 있습니다.

두 번째는 전염성으로 영향력이 있다는 것입니다. 이미지의 어원을 보면, 분위기(vibe)라는 의미가 있는데 분위기는 파장(vibration)이 있어서 보는 이에게 영향력을 미치기 때문에 곧바로 전염됩니다. 그래서 기분 좋은 얼굴을 하고 있으면 상대방도 기분이 좋아지고, 찌푸리거나 화난 얼굴을 하고 있으면 상대방도 짜증이 나게 됩니다. 모든 사람은 저마다의 분위기가 있는데, 각자가 지닌 그 분위기는 만나는 사람에게 기분이나 사고 등에 영향을 미치게 됩니다.

특히 리더의 분위기는 조직에 미치는 영향이 큽니다. 리더십은 바람직한 영향력을 말하므로 각 분야에서 핵심적인 역할을 하는 리더일수록 사소한 부분에서도 전략적인 이미지 경영이 필요합니다. 리더의 표정 하나, 말 한마디의 영향력이 매우 크기 때문입니다. 그래서 말을 하거나 행동하기 전에 반드시 이후에 일어날 일에 대해 한 번 더 생각하고 표현하는 것이 이미지 리더십을 키우는 방법입니다. 최고의 리더십은 구성원들이 기분 좋게 스스로 원해서 따라하게 하고 몰입하게 하는 것입니다. 리더가 어떤 기분을 전염시키느냐가 조직의 분위기를 결정합니다.

세 번째는 도미노성입니다. 옛말에 "열 번 잘하다가 한 번 잘못하면 욕먹는다"는 말이 있듯이 아무리 유능해도 열 번을 잘하다가 사소한 것 하나라도 실수하게 되면 전체 이미지가 무너지고 맙니다.

'개미구멍 하나로 댐이 무너진다'는 속담이 있습니다. 별것 아닌 것 같지만 조그마한 틈이 생기면 댐 전체가 무너질 수 있다는 의미입니다. 사람의 이미지도 아주 작은 결점 하나가 치명적인 결과를 가져오는 경우가 많습니다. 그래서 사소한 일에서도 자기관리를 잘하는 자세가 필요합니다.

네 번째는 차이성입니다. 사람은 자기가 보는 주관적 이미지와 타인들이 보는 객관적 이미지가 다릅니다. 사람들은 대부분 남에 대해서는 냉철하게 보고 평가하지만, 정작 자신에 대해서는 바로 보지 못하는 경우가 많습니다. 이미지는 지극히 주관적이기 때문에 보는 사람에 따라 다양하게 존재합니다. 나 아닌 타인들의 다양한 평가가 모여서 객관적인 이미지를 형성하는데, 이미지 경영을 성공적으로 하기 위해서는 자신이 스스로를 보는 주관적인 이미지와 타인들이 보는 객관적 이미지의 차이를 줄여나가는 것이 필요합니다. 그래야 인간관계에서 오해를 줄이고 타인에게 인정받을 수 있습니다.

다섯 번째는 변화성으로 이미지는 고정되어 있는 것이 아니라 늘 변한다는 것입니다. 여러 방송에서 사람들의 이미지를 변화시키는 프로젝트를 실행하면서 처음에는 비호감의 이미지를 가진 출연자들이 불과 몇 시간에서부터 2주일 사이에 호감이 가는 이미지로 변화하는 과정을 보아왔습니다. 그래서 아무리 안 좋은 습관이나 부정적인 이미지를 갖고 있어도 자신의 노력 여하에 따라 얼마든지 개선할 수 있습니다. 반면, 지금은 좋은 이미지를 가지고 있다고 할지라도 자신의 건강, 마음상태, 혹은 환경이나 상황에 따라 부정적으로 변할 수 있습니다. 그래서 긍정적인 이미지로 발전해나가기 위해서는 끊임없는 이미지 경영이 필요합니다.

여섯 번째는 예측성입니다. 그 사람의 이미지를 파악하고 나면 그 사람의 감정과 의도, 다음 행동까지 예측이 가능합니다. 마음은 겉으로 드러나 표정과 행동 등으로 나타나기 때문입니다. 그리고 그러한 습관이 쌓여 그 사람의 인상을 형성합니다. 개인의 이미지는 그간 자신이 쌓은 삶을 보여주는 이력서라 할 수 있습니다.

이미지 메이킹의 목적은 자기관리 능력과 대인관계 능력을 향상하고 자아를 실현하는 데 있습니다. 그것은 곧 타인과의 소통은 물론이고 속한 조직과 소통하는 능력을 향상하는 것을 의미합니다. 소통의 능력을 향상하기 위해서는 먼저 그것을 방해하는 장애물을 없애야 합니다. 그 장애물 중에 대표적인 것이 아집과 고정관념입니다. 고정관념을 깨고 남이 나를 보듯이 자신을 객관적으로 볼 줄 아는 눈을 길러야 합니다. 무엇보다 중요한 것은 스스로 변하고자 하는 의지와 변할 수 있다는 신념을 갖는 것입니다. 모든 일은 하고자 하는 생각이 출발점이기 때문입니다. 사람은 누구든지 자신이 생각하는 대로 변화할 수 있습니다.

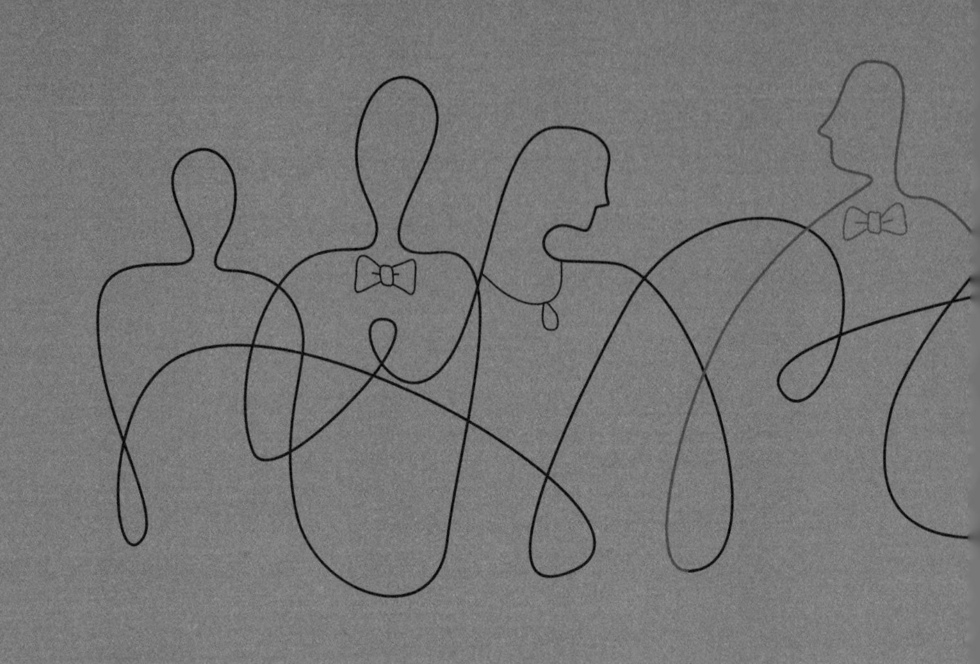

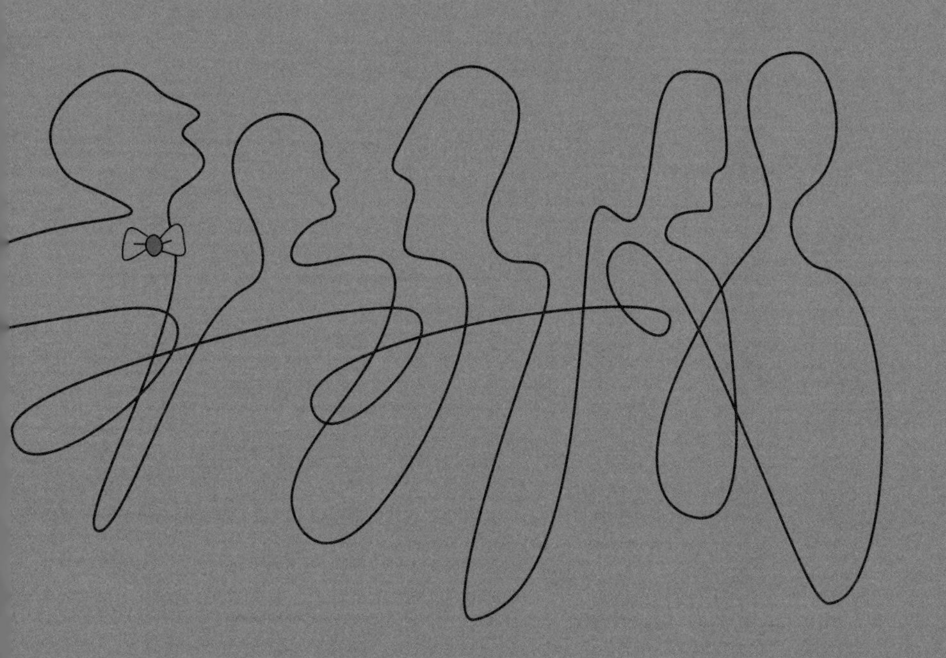

제2강

첫눈에 상대에게 호감을 얻는 인상 만들기

◆ 첫인상 자가진단

첫인상에 대해 알아보기 전에 먼저 자신의 첫인상을 스스로 진단해보면 도움이 될 것입니다. 이것을 통해 어느 부분이 장점이고 어느 부분이 보완해야 할 점인지 생각하는 시간을 가져보세요.

아래 문항을 읽고 해당되는 점수 칸에 체크해 주세요.

질문 내용	전혀 아니다 1	거의 아니다 2	보통 3	조금 그렇다 4	매우 그렇다 5
눈과 입이 동시에 웃는 편이다					
얼굴 인상이 좋다는 말을 자주 듣는 편이다					
처음 만나는 사람에게 반갑게 인사를 먼저 하는 편이다					
환하게 웃을 때 아래 치아가 거의 안 보이고 위의 치아만 보인다					
얼굴형에 어울리는 헤어스타일로 잘 연출하는 편이다					
상황에 맞는 옷의 컬러나 디자인을 잘 선택하는 편이다					
의상은 체형에 맞고 세련되게 잘 입는 편이다					
걸음걸이, 앉거나 선 자세, 인사 자세가 바르고 반듯한 편이다					
목소리가 부드럽고 안정된 편이다					
말을 하기보다는 많이 들어주고 반응해 주는 편이다					

매력형 - 40점 이상
호감형 - 30~39점
평범형 - 21~29점
불안형 - 20점 이하

1. 매력형

만나는 사람들의 마음을 얻는 매력적인 첫인상을 지닌 유형입니다. 사람을 대하는 직업이 어울리고, 그런 분야에서 능력을 발휘할 가능성이 높습니다. 단, 매력적인 첫인상을 지속적으로 유지하는 것이 중요한데, 첫인상은 시각적인 요소에 의해 결정되는 비율이 높습니다. 따라서 내면의 가치를 얼굴 인상, 언상, 체상으로 잘 표현하고 관리하는 노력을 지속적으로 해나간다면 대인관계와 비즈니스 분야에서 성공할 확률이 매우 높습니다.

2. 호감형

매력형보다는 다소 낮지만 만났을 때 편안하고 친근한 인상을 충분히 보여줄 수 있는 좋은 첫인상의 소유자입니다. 하지만 이 유형은 상황에 따라서 상대방의 평가가 다소 차이가 날 수 있습니다. 또한 때로는 평범해 보일 수 있으므로 매력형으로 갈 수 있도록 좀 더 노력한다면 성공확률이 높은 유형입니다.

3. 평범형

좋은 인상은 긍정적인 기억으로 오래 기억되는 인상을 말합니다. 평범형의 최대 약점은 만나는 이들의 기억 속에 오래 기억되기 어렵다는 것입니다. 비즈니스를 하는 직업이거나 면접을 봐야 하는 경우 자신의 장점을 극대화하고 오래 기억에 남을 수 있는 긍정적인 인상을 만들 수 있도록 노력해야 할 필요가 있습니다.

4. 불안형

불안형은 자신의 의도와 상관없이 상대방에게 긍정적인 첫인상을 주기 어려운 유형입니다. 그래서 자신의 실력과 인품이 불안한 첫인상에 의해 가려져서 인정받지 못하는 일이 생기거나 오해가 발생할 우려가 있습니다. 그러나 걱정할 필요는 없습니다. 관심을 갖고 적극적으로 노력하면 2주일 만에 인상을 바꿀 수 있기 때문입니다. 중요한 것은 자신의 인상을 객관적으로 인지하고 적극적으로 관리하는 것입니다. 그러면 짧은 시간 안에 원하는 인상으로 변화가 가능합니다. 자신감을 갖고 당장 실천하는 것이 방법입니다.

첫인상에 따라 상대방의 기대심리가 크게 달라진다

누군가를 처음 만나면 상대방에 대한 첫인상을 느끼는 속도는 소위 눈 깜짝할 사이만큼 신속합니다. 한 심리학 연구에서는 미국인은 15초, 일본인은 6초, 한국인은 3초에 첫인상이 형성되며, 나쁘게 인식된 첫인상은 60번을 보여줘야 바꿀 수 있다고 밝혔습니다. 펜실베이니아 대학교 잉그리드 올슨 교수의 연구 결과에 따르면 상대에 대한 호감도를 0.13초 만에 판단할 수 있으며, 대한민국의 한 방송사에서는 그보다 짧은 0.03초에 호감도를 결정할 수 있다는 실험 결과를 보여주었습니다.

상대방의 첫인상만 놓고 그 사람을 평가하고 분석하는 것은 논리적으로 이해할 수 없다는 의견이 많습니다. 그러나 우리 누구나 그런 비논리적인 일을 실제로 경험하고 있습니다.

우리 뇌에서 쓰는 에너지의 30%는 시각피질에서 사용됩니다. 시각적인 정보는 수많은 정보가 한꺼번에 들어오고, 시각피질은 그 많은 정보를 아주 짧은 순간에 처리하고 판단합니다. 그래서 상대방에 대한 인상을 형성하는 것은 뇌과학적으로 보면 지극히 자연스러운 현상입니다. 뇌과학자들은 이성보다 강한 것이 감성이고, 감성보다 강한 것이 본능이라고 말합니다. 예를 들면 식욕은 본능이기에 식욕을 억제하는 다이어트는 매우 어려운 일입니다. 또 직장에서 인사고과 평가점수가 비슷한 경우 상사에게 호감을 주는 사람이 먼저 승진하는 것을 흔히 볼 수 있습니다. 이는 이성보다 감성이 강한 인간의 본성에 따른 결과일 것입니다.

우리는 누군가를 처음 만나면 매우 짧은 순간에 호감 또는 비호감을 느끼게 되고, 이는 이후 어떤 관계로 이어질 수 있는지를 결정하는 출발점이 됩니다. 인간의 뇌에 있는 시각피질의 속성을 보면 매우 신속하게 사물을 보고 판단하는 신속성과 상대방에 대해 정확하게 파악하는 자명성이 있습니다. 뇌는 귀로 들어오는 정보보다는 눈으로 들어오는 정보를 더 신뢰합니다.

그렇다면 인간의 뇌는 아주 짧은 순간에 처음 만난 상대에게서 무엇을 알아낼까요?

뇌과학적 연구에 의하면, 뇌가 외부의 자극을 인지하고 판단하고 명령을 내리는 첫 번째 목적은 생존과 관련이 있습니다. 처음 만난 상대에 대해 5초 안에 가장 먼저 여자인지 남자인지 성별을 구분하고, 나이를 인지하고, 피부색을 통해 인종을 인지하며, 상대의 표정을 통해 감정을 알아내고, 그것을 통해 나에게 위협적인 존재인지 도움이 되는 존재인지를 판단한다고 합니다. 그래서 상대방이 표정이나 얼굴 인상이 강하면 위협적인 존재로 느껴져 경계심과 방어기제가 작동하는 것입니다.

또한 상대의 행위와 행동, 옷차림 등을 보고 상대방의 마음가짐과 태도, 의도 등을 판단해서 관계의 수준과 대응 태도를 결정한다고 합니다. 2007년의 한 연구에서는 5초 동안 본 평가와 5분 이상 본 평가가 거의 같다는 결과를 보여주었습니다. 그래서 상대방에 대해 잘 모르는 상태에서도 짧은 순간에 형성되는 첫인상을 통해 수많은 정보를 판단하고 평가합니다.

모 방송 프로그램에서 방송했던 재미있는 실험이 있습니다. '배우자를 고를 때 무엇을 가장 중요시하는가?'라는 질문에 여성은 '성격'을 본다는 대답이 가장 많았습니다. 그래서 한 남성을 평소에 입고 다니는 평상복 차림으로 쇼윈도우에 세워 놓고 지나가는 여성들에게 평가하게 했습니다. 그러자 대부분의 여성이 낮은 점수를 주면서 낮은 연봉을 받을 것이라고 답했습니다. 그리고 "데이트 신청을 해오면 만나겠냐?"는 질문에 대부분 "안 만나고 싶다"고 답했습니다.

그다음 날에는 같은 남성에게 양복을 입히고, 머리에는 왁스를 바르고, 밝은 표정을 짓게 하고 같은 방법으로 평가하게 했습니다. 그 결과는 전날과 완전히 달랐습니다. 대부분의 여성이 높은 점수를 주었고, 전날보다 10배가 더 많은 액수의 연봉을 받을 것이라고 평가했으며, "만나고 싶다"고 대답했습니다.

이처럼 한 개인의 내적인 면을 평가하는 데 큰 영향을 미치는 것은 시각적인 요소임을 알 수 있습니다. 마음이나 성격이 직접적으로 보이지는 않지만 사람들은 외모나 자세 등의 시각적인 이미지를 통해 예측하고 판단한다는 사실을 알 수 있습니다.

기업의 CEO나 인사담당자들을 대상으로 조사한 결과를 보면, 첫인상으로 합격 여부를 결정한 비율이 70%를 넘습니다.

이러한 사실들은 많은 점을 시사합니다. 고객이나 거래처 직원과의 만남에서 자신의 인상은 거래 성과와 인간관계유형을 결정하는 데 결정적인 역할을 할 수 있습니다. 또한 페이스북, 인스타그램, 트위터, 카페, 블로그 등 SNS 매체를 통해 자신의 브랜드를 홍보하는 사람이 크게 증가하고 있는 가운데 커뮤니티에서 보이는 프로필 사진이나 업로드하는 글과 이미지는 자신의 인상을 크게 좌우합니다. 그래서 외모보다 내면의 실속이 중요하지만, 외적인 이미지를 잘 가꾸는 것은 곧 몸값을 올리는 길입니다.

계속 만나고 싶은 느낌을 주는 첫인상 만들기

사람들을 만나보면 분명 친근감이 가고 다시 보고 싶은 사람이 있고, 왠지 거리감이 느껴지고 다시 만나기가 꺼려지는 사람이 있습니다. 처음 만난 사람에게서 느낀 첫인상은 '초두 효과(Primacy Effect)'를 일으킵니다. 초두 효과란 맨 처음 들어온 정보가 나중에 들어온 정보의 해석에 영향을 주는 것을 말합니다. 처음에 들어온 정보가 긍정적이면 나중에 들어오는 정보에 대한 해석도 긍정적일 가능성이 높습니다.

또한 어떤 사물이나 사람을 평가할 때 특별한 장점이나 매력적인 한 부분의 속성에 의해 전체적인 인상이나 평가에 영향을 받는 현상을 '후광 효과(Halo Effect)'라고 합니다. 예를 들어 아름다운 외모를 가진 사람은 마음도 예쁘고 유능할 것 같은 인상을 주는 것입니다.

첫인상은 남녀 간의 이성 관계에서도 중요하지만, 취업 시 면접이나 비즈니스 관계에서도 중요하게 작용합니다. 따라서 첫인상이 좋으면 그것은 곧 장점이자 경쟁력이 됩니다. 누군가를 처음 만났을 때의 느낌은 오래 기억될 만큼 강한 인상을 줄 수도 있고, 그대로 잊힐 수도 있으며, 때로는 다시 만나고 싶지 않을 정도로 나쁜 인상으로 남을 수도 있습니다.

특히 첫인상은 잘못 비치거나 오해를 일으키는 경우가 많습니다. 사회생활에서 누군가를 쳐다볼 때 상대가 자신을 째려본다거나 비웃는 듯한 불쾌한 느낌으로 받아들이면 분쟁과 불화를 초래할 수도 있습니다. 뉴스에 나오는 살인사건 중 피해자가 쳐다보는 눈빛이 무시한다거나 불쾌한 느낌을 주어서 살인을 저질렀다는 경우가 많습니다. 이처럼 잘못된 첫인상은 엄청난 오해를 불러일으키고, 원치 않는 결과를 초래하기도 합니다.

수많은 사람을 만나고 상대해야 하는 사회생활에서 원만한 인간관계를 형성하는 것은 성공이나 행복과 직결되기 때문에 중요한 능력이고 과제가 아닐 수 없습니다. 특히 첫인상으로 자신의 배우자나 직장이 결정되기도 하고, 비즈니스 현장에서는 거래 여부가 결정되는 척도가 되기도 합니다. 따라서 면접을 앞둔 진학 희망자나 취업 지원자, 비즈니스나 고객을 만나는 영업직 종사자, 유권자의 지지를 얻고자 하는 정치인에게 첫인상에서 전달되는 이미지는 바로 자신의 능력과 함께 신뢰와 비전을 보여주는 결정적인 잣대가 되며, 이는 곧바로 결과로 이어지게 됩니다.

KBS 프로그램 〈호감의 법칙〉에 출연하면서 똑똑하고 유능한 한 청년을 만난 적이 있습니다. 그는 일류대학을 졸업하고 외국 유학을 다녀온 유능한 인재였습니다. 그는 방송국 프로듀서가 되기 위해서 수없이 도전장을 던졌는데 1차 서류심사에서는 떨어진 적이 없지만, 면접에만 가면 떨어지기를 3년 동안 거듭했습니다. 결국 그는 자신감이 바닥인 상태에서 전문가의 도움을 빌리기에 이른 것입니다.

그를 만나기 전 이력서를 보고 일류대학에 유학까지 다녀온 유능한 인재라는 것을 알았음에도 막상 그를 만났을 때는 그의 능력이 의심될 정도였습니다. 활동력과 창의력이 필요한 프로듀서와는 거리가 멀어 보이고, 직업적 전문성이나 자신감이 전혀 보이지 않았습니다. 그러한 그를 점차적으로 변화시키는 과정을 50분짜리 방송에 담기 위해 연구소 전문가들과 함께 열흘간 촬영해 다큐멘터리 프로가 제작되었습니다. 며칠간 촬영을 하면서 모의면접 면접관으로 참여해 분석을 진행했는데, 그는 자신이 갖춘 스펙과는 달리 자신의 능력을 제대로 표현하지 못하고 자신감이라고는 찾아보기 어려운 모습을 보였습니다. 그는 걸음걸이와 자세에서 자신감과 활력이 전혀 보이지 않았고, 힘없는 눈빛과 어두운 표정, 말할 때의 자신감 없는 목소리, 면접관을 제대로 응시하지 못하고 밑을 보는 시선처리, 남의 옷을 입은 듯한 옷차림 등 여러 가지 문제점이 있었습니다. 그러나 그의 이미지를 총체적으로 분석하고 해결점을 찾아가면서 훈련을 거듭한 결과 그는 열흘 만에 몰라보게 달라졌습니다. 그리고 방송 이후 좋은 직장에 취직하는 데 성공했습니다.

그렇다면 중요한 면접이나 미팅 등에서 호감과 신뢰를 주고 상대의 마음을 얻는 매력적인 첫인상을 만들기 위해 어떻게 해야 할까요? 호감 가는 첫인상을 만드는 일곱 가지 법칙은 다음과 같습니다. 열흘 만에 인상을 바꿀 수 있는 이 방법을 꼭 실천해보세요.

1. 뒤센 미소를 짓자.

사람을 만나면 처음에 약 80%가 얼굴을 쳐다봅니다. 그래서 첫인상을 좌우하는 것은 얼굴 이미지입니다. 즉, 편안하고 호감가는 얼굴 이미지가 중요합니다. 얼굴 이미지를 결정하는 것은 약 60%가 표정이고, 그다음은 눈 인상과 전체적인 조화이고, 그다음이 피부입니다.

눈과 입 중에 한 곳만 웃으면 마음까지 웃는 진짜 미소가 아닙니다. 19세기 프랑스 신경심리학자 기욤 뒤센은 얼굴에 전기침을 꽂고 미소의 원리를 연구했는데 감정까지 웃어야 눈도 따라 웃는다는 사실을 발견했습니다. 입꼬리는 인위적으로 올릴 수 있지만 눈까지 웃는 것은 감정까지 웃는 진짜 미소일 때 가능해서 진짜 미소를 '뒤센 미소'라고 합니다. 진정성 있는 뒤센 미소를 보여주면 적어도 상대방에게 위협적인 존재로 보이는 것을 예방하고 호감을 줄 가능성이 높습니다. 그리고 크게 웃을 때 이왕이면 아래 치아보다 위의 치아를 많이 보이도록 노력한다면 더욱 신뢰를 줄 수 있을 뿐만 아니라 젊어 보이는 효과까지 있습니다.

2. 단정한 옷차림을 갖추자.

매우 짧은 순간에 형성되는 첫인상에서 인사말을 하기 전에 얼굴을 시작으로 시각적인 요소가 상대방의 뇌를 자극합니다. 단정한 옷차림은 자기관리 능력과 세련된 감각을 보여주는 최고의 비언어 메시지입니다. 또한 옷차림은 매너지수를 알 수 있는 단서이기도 합니다. 단정하고 세련된 스타일을 갖추면 상대방에게 호감은 물론 안목과 감각을 갖추었다는 신뢰를 줄 수 있습니다. 자신에게 어울리면서 TPO에 맞는 컬러를 잘 선택하는 것도 점검해야 할 사항입니다.

3. 정중하고 바른 자세로 인사하자.

몸가짐은 곧 마음가짐입니다. 인사를 하고, 악수를 하고, 명함을 주고받는 태도를 통해 그 사람의 성격과 품격까지 상대에게 전달됩니다. 친한 사이라면 형식이 크게 중요하지 않지만, 처음 만나는 상대라면 바른 자세로 인사하는 것은 기본 매너입니다. 정중한 자세는 사회적 관계의 첫 단추를 끼우는 과정에서 신뢰와 연결됩니다. 앉은 자세와 걸음걸이도 바르게 유지하고 있는지 평소에 체크해볼 필요가 있습니다.

4. 아이컨택을 하자.

눈을 본다는 것은 진실하다는 것이고, 상대방을 존중한다는 의미이며, 자신감과 관심을 표현하는 것입니다. 아이컨택은 상대방의 마음에 각인시키는 효과가 있어 '눈도장'이라는 표현이 과장된 표현이 아닙니다. 아이컨택은 매력적인 첫인상을 주는 것은 물론, 깊은 인상과 함께 신뢰로 이어집니다.

5. 밝은 목소리로 인사말을 건네자.

시각적인 요소 다음으로 청각적인 요소가 중요합니다. 부드럽고 밝은 목소리는 부드러운 느낌을 전달합니다. 이때 속도도 중요합니다. 너무 빠르면 경박하고 가벼운 이미지를 주고, 너무 느리면 지루하고 권위적인 이미지를 줄 수 있습니다. 적절한 속도와 자신감 있는 밝은 목소리는 호감과 신뢰를 줍니다. 물론 타고난 목소리가 모두 다르기 때문에 탁한 목소리를 가진 분들도 있을 것입니다. 그러나 호흡과 발성을 통한 보이스 트레이닝을 통해 탁한 목소리도 얼마든지 개선될 수 있습니다.

6. 상대방의 이름을 세 번 이상 부르면서 대화하자.

대화하는 동안 상대의 이름을 세 번 이상 불러주면 기분이 좋아진다는 심리학 연구가 있습니다. 단, 명함 속의 이름과 직함을 정확히 기억해야 합니다. 사람은 누구나 자신에게 세심한 관심을 가져주는 것을 좋아하기 마련입니다. 미팅이나 대화를 할 때 상대방의 이름을 세 번 이상 불러보세요.

7. 적게 말하고 질문과 경청을 많이 하자.

말을 적게 하고 상대방이 말을 많이 하게 하려면 적절한 질문을 건네는 것이 좋습니다. 질문을 잘하는 것도 연습이 필요합니다. 개인 신상, 정치나 종교적인 질문은 피하고 유쾌하고 가벼운 질문을 건네도록 합니다. 만나기 전에 상대방에 대한 정보를 미리 파악해서 관심을 보일 만한 주제나 이야기를 마련하는 것은 관심의 시작입니다. 대화가 시작되면 상대방이 대화의 주인공이라고 느낄 수 있도록 잘 들어주고 호응하는 것이 좋은 첫인상을 주는 방법입니다.

망친 첫인상을 회복하는 법

처음에 형성된 첫인상은 쉽게 바뀌지 않는다고 합니다. 그렇다면 망친 첫인상은 어떻게 회복할 수 있을까요?

만약 첫인상에서 부정적인 결과를 얻었다면 그것을 회복하는 노력도 필요합니다. 첫 번째 좋은 방법으로 '망각 효과(Forgetting Effect)'를 이용하는 것입니다. 사람에게는 '망각'이라는 현상이 있습니다. 독일의 심리학자 헤르만 에빙하우스(Hermann Ebbinghaus)는 《기억에 관하여》라는 책에서 '망각 곡선'을 제시했습니다. 그는 시간이 지날수록 학습한 내용을 얼마나 잊어버리는지를 연구했는데, 학습 후 20분이 지나면 머리에 58%의 내용만 남고 42%는 망각되고, 하루가 지나면 33%, 한 달이 지나면 21%만 기억에 남는다는 결과를 얻었습니다.

또 비슷한 효과로 '수면자 효과(Sleeper Effect)'가 있습니다. 수면자 효과는 예일대 사회심리학자 칼 호블랜드(Carl Hovland)에 의해 정의되었습니다. 1949년 호블랜드는 실험 대상자들에게 제2차 세계대전 당시 연합군을 지지하는 내용의 선전영화 한 편을 보여주었습니다. 이후 5일이 지났을 때 영화를 본 사람이나 보지 않은 사람이나 생각에 별 차이가 없음을 발견했습니다. 그러나 9주가 지난 후에는 영화를 본 사람이 영화를 안 본 사람보다 연합군에 대해 더 호의적인 반응을 보였습니다. 호블랜드는 정보의 출처나 세세한 내용은 시간이 지나면서 차차 잊히고, 핵심 내용만 기억에 남는 현상이 일어난다고 분석하고 이를 수면자 효과라고 이름 붙였습니다.

견디기 힘든 고통도 시간이 흐르면 잊히기 마련입니다. 그래서 상대방에 대해 좋지 않은 인상을 가지고 있다고 할지라도 시간이 흐르면 점점 약해지고 망각됩니다. 따라서 처음에 첫인상을 망쳤다면 바로 모습을 보이기보다는 되도록 만남을 잠시 피하는 것도 좋은 방법입니다. 그러고 나서 시간이 어느 정도 흐른 뒤에 첫인상을 망쳤던 원인을 제거하고 자신의 이미지를 새롭게 연출해 다시 보여주는 것이 좋은 인상으로 회복하는 데 도움이 됩니다.

두 번째로 '빈발 효과(Frequency Effect)'를 이용해보세요. '빈발 효과'는 첫인상이 좋지 않게 형성되었어도 첫인상과는 다른 호감 가는 행동이나 태도를 반복적으로 보여주게 되면 점차 좋은 인상으로 바뀌는 현상을 말합니다. '열 번 찍어 안 넘어가는 나무 없다'는 속담이 여기에 해당됩니다. 학교커플이나 사내커플 대상으로 연인이나 배우자가 본인의 이상형이었는지를 묻는 질문에 대부분 "아니오"라고 대답합니다. 그런데 왜 연애를 하거나 결혼을 했느냐고 질문을 하면, 대부분 처음에는 별로였는데 볼수록 좋아졌다고 대답합니다. 바로 빈발 효과로 인한 결과라 할 수 있습니다.

첫인상을 회복하는 데 걸리는 시간은 보편적으로 40시간이 소요된다는 연구결과가 있고, 한 연구에서는 60번을 만나야 좋은 인상으로 바뀐다는 결과도 있습니다. 계속 보게 되는 관계라면 40시간이나 60회를 통해 첫인상을 회복할 수 있지만, 문제는 비즈니스나 면접, 미팅에서는 상대방이 자주 만나는 관계가 아니기 때문에 생각보다 오랜 시간이 걸리고, 혹은 아예 회복할 기회조차 갖기 어렵다는 것입니다. 만약 어쩔 수 없이 안 좋은 첫인상을 주었는데 자주 만날 수 있는 사람이 아니라면 메일이나 문자, 또는 선물을 통해 자신의 진심을 전달하는 것도 한 방법입니다.

마지막으로 '반전 효과(Reversal Effect)'라는 것이 있습니다. 평상시와는 전혀 다른 모습이나 예상 밖의 돌발행위를 함으로써 개인에 대한 인상이 일시에 바뀌게 되는 현상을 말합니다.

KBS 1TV 〈아침마당〉에 출연했을 때 남자 진행자가 김재원 아나운서였습니다. 그의 첫인상은 스마트하고 프로다운 모습이었지만, 눈매와 얼굴 표정에서 다소 차갑고 엄격한 이미지가 느껴졌습니다. MC로서 전체 프로그램의 균형과 조화를 맞추려고 하다 보면 패널들의 대화를 중간에 잘라야 할 때도 있습니다. 그런 순간에도 자연스럽게 분위기를 이끄는 유능함과 스마트함은 최고였지만, 편하게 다가서기가 어려운 느낌이 강했습니다.

하루는 목요일에 진행되는 특강을 맡고 무대 뒤 대기석에 앉아 기다리고 있었는데 갑자기 김재원 아나운서가 무대 뒤로 찾아와서 반갑고 따뜻하게 인사를 건네는 것이었습니다. 생방송이어서 MC로서 체크해야 할 것도 많고 시간이 촉박한 상황이었는데도 불구하고 무대 뒤까지 찾아와서 따뜻하게 인사를 해주는 그 순간 그동안의 조금 차갑게 느껴졌던 첫인상이 한순간에 바뀌었습니다. 그 이후에도 방송을 마치고 나서 대화를 하게 되었을 때 방송과는 전혀 다른 따뜻하고 친절한 모습을 통해 그의 인간미를 깊이 느낄 수 있었습니다. 지금은 김재원 아나운서가 차가운 첫인상과 다르게 유능하지만 한없이 따뜻하고 포근한 사람으로 기억되고 있습니다.

첫인상은 매우 중요하고 일단 형성된 첫인상을 바꾸는 데는 오랜 시간이 소요될 수 있지만, 위에서 말한 심리적 효과들을 잘 이용하면 잘못 전달된 첫인상을 바꿀 수 있을 것입니다. 그리고 진정성을 담아 노력하면 오히려 더 좋은 인간관계로 발전할 수 있습니다.

첫인상보다 끝인상이 오래간다

앞에서 이야기했듯이 일과 관계에서 첫인상은 매우 중요합니다. 그러나 '유종의 미'를 거두는 끝인상도 첫인상 이상으로 중요합니다. 사람들은 대부분 상대방의 마지막 모습을 더 오래 기억하기 때문입니다.

첫인상과 끝인상에 따라 사람들의 유형을 분류해보면, 첫인상도 좋은데 끝인상도 좋은 사람, 첫인상은 좋은데 끝인상이 별로인 사람, 첫인상은 별로였는데 만날수록 진국이고 끝인상이 좋은 사람, 첫인상도 별로인데 끝까지 별로인 사람 등 크게 네 부류로 나눌 수 있습니다.

인간관계를 깊이 들여다보면, 관계의 지속이나 수준을 결정하는 것은 첫인상보다 끝인상에서 결정되는 경우가 많습니다. 초두 효과나 맥락 효과 또는 후광 효과로 인해 첫인상이 매우 중요한 것은 사실이지만, 지속적인 인간관계에서는 첫인상이 마지막까지 가지 않는 경우가 많습니다. 그래서 처음에 좋았던 상대가 나중에 실망스러운 경우가 있고, 반대로 첫인상이 안 좋았던 사람이 나중에 괜찮게 느껴지는 경우도 흔히 볼 수 있습니다. 그런데 만날수록 좋은 이미지를 주기 위해서는 끝인상에 신경을 써야 합니다.

사람의 마지막 모습은 가장 오래 기억에 남습니다. 이를 심리학적으로 '최신 효과(Recency Effect)'라고 하는데 마지막 모습이 기억에 가장 오래 남는 것을 말합니다. 예를 들어 공부할 때 가장 나중에 암기한 것이 가장 잘 기억되는 것을 들 수 있습니다. 사회생활에서는 끝인상을 관리해야 할 경우가 매우 많습니다. 만났던 사람과 헤어질 때의 모습을 관리하거나 상품을 구입하고 나서 애프터서비스(AS)를 제공하는 것, 어떤 거래를 계약하고 나서 사후 관리하는 것 등이 끝인상을 관리하는 예라 할 수 있습니다.

진정으로 좋은 사람이냐 아니냐는 단순히 첫인상으로만 결정되는 것이 아니라 지속적인 만남을 이어가는 동안 편안하고 유익하며 만나고 싶은 느낌을 얼마나 주는가에 달려 있습니다. 첫인상을 잘 관리했다 할지라도 지속적으로 만나는 동안 실제의 모든 것이 드러나게 됩니다.

그렇다면 관계에서 어떤 끝인상을 보여주는 것이 좋을까요? 마지막 모습에서 인상 깊은 여운을 남겨서 상대방에게 좋은 모습을 각인시키려면 '여운 효과(Lingering Imagery Effect)'를 주는 것이 좋습니다. 사회에서 만난 사람들 중에 업무적인 일로 미팅을 할 때는 친절하고 관심과 열정을 보이다가 헤어질 때는 두 번 다시 보지 않을 것처럼 홱 돌아서는 사람을 볼 때가 있습니다. 그럴 때는 이전의 일들을 다시 돌아보게 되면서 만나서 나누었던 대화나 일들이 정치적이거나 사무적으로 느껴지기도 하고 진정성이 의심되기도 합니다.

KBS의 〈생방송 오늘〉에서 '직장인의 생존전략, 이미지 메이킹' 코너를 맡아서 6개월간 전문가 패널로 참여한 적이 있습니다. 그 당시 남자 진행자는 윤인구 아나운서였습니다.

첫 방송일에 만났을 때 3초 만에 형성된 윤인구 아나운서의 첫인상은 그리 따뜻한 편은 아니었습니다. 눈이 외꺼풀에 얼굴형이 갸름한 목형이라서 스마트하고 이지적인 인상이었습니다. 그런데 인사를 건네면서 보이는 미소는 외꺼풀의 다소 차가워 보일 수 있는 눈이 하회탈처럼 따뜻하게 웃고 있었습니다. 또한 목소리도 매우 따뜻한 목소리여서 잠시 저를 긴장시켰던 첫인상이 조금 녹아내렸습니다. 방송을 6개월 동안 진행하고 마지막 방송이 있던 날 윤인구 아나운서가 "6개월 동안 함께했는데 점심식사라도 같이 하고 가시죠"라며 작가들과 함께 점심식사를 대접해 주었습니다. 저는 유명인도 아니었고 언제 볼지도 모르는 사람이었기에 그렇게까지 마음을 써주는 윤인구 아나운서가 내심 고맙게 느껴졌습니다. 게다가 헤어질 때는 악수와 허그까지 해주면서 그동안의 수고에 감사하다고 인사를 건넸습니다. 방송을 6개월 동안 진행하고 마지막 날에 보여준 품격 있는 매너와 호의에 윤 아나운서의 끝인상은 오랫동안 호감과 따스함으로 긴 여운을 남기고 있습니다.

가끔 보험이나 방판 상품을 영업하는 사원들을 만날 때가 있는데 처음 상품을 홍보할 때는 친절하고 관심을 보이다가 계약이 끝난 뒤에는 무관심으로 다른 모습을 보여주는 경우가 있습니다. 그럴 때는 매우 불쾌하고 다시 보고 싶지 않다는 생각이 들게 됩니다. 그래서 고객과의 관계나 인맥관리는 사후관리가 더 중요합니다. 만났다가 헤어질 때는 적어도 한두 번쯤은 헤어진 사람을 다시 돌아보면서 천천히 돌아서는 것이 매너라 할 수 있습니다. 또한 고객이나 웃어른인 경우에는 먼저 돌아서는 것은 예의가 아니므로 상대방이 가는 것을 지켜보다가 돌아서는 것이 호감 가는 끝인상을 주는 방법입니다.

상대방에 대한 관심과 배려를 표현하고 좋은 인간관계를 오랫동안 유지하기 위해서는 세심한 끝인상 관리가 필수입니다.

감정노동을 감사의 마인드로 바꿔주는 스마일 파워

케네디가 대선에서 성공한 이후 케네디의 성공비결을 전문가들은 'Smile Power'라고 분석했고, 그 이후에 'Smile Power'라는 말이 생겨났습니다. 이는 "내가 보낸 미소는 상대방을 행복하게 하고, 상대방이 느낀 행복은 몇 배가 되어 다시 내게로 와 내 인생을 바꿔놓는다"는 의미입니다. 'Smile Power'는 비단 미소만을 말하는 것이 아니라 상대방에게 비치는 매너와 태도 등을 모두 포함한 것입니다.

다양한 직종들 가운데 특히 사람을 대하는 직업의 직장인들에게 가장 어려운 것은 감정노동입니다. 자신의 감정 상태와 상관없이 의무적으로 미소와 친절을 보여주어야 하는 사람들은 자괴감을 느끼거나 정신적인 고통을 자주 느끼게 됩니다. 심지어 마음의 병까지 생겨 정신과 치료를 받는 사람도 적지 않습니다.

한국서비스경영학회에 이사로 몸담고 있다 보니 기업체 서비스나 고객만족도, 서비스 제공 직원들의 현황에 대한 연구자료들을 볼 기회가 많습니다. 일명 블랙 컨슈머라고 하는 나쁜 고객들로 인해 고통을 당하는 경우도 많지만, 스스로 마인드 컨트롤이 잘 되지 않아서 감정노동을 유독 깊이 느끼는 사람도 많습니다.

아프리카 반투족의 문화 중 '우분투(Ubuntu)'라는 것이 있습니다. 한 인류학자가 아프리카에 연구를 위해 갔다가 놀고 있는 어린 아이들을 모아 한 가지 제안을 했습니다. 흙마당에 일직선을 긋고 아이들을 세운 뒤 말했습니다. 달리기 시합을 해서 1등을 한 친구에게 멀리 보이는 나무 그늘 아래 있는 맛있는 간식을 전부 준다는 것이었습니다. 그리고 출발신호를 보냈습니다. 그런데 인류학자의 예상과는 달리 아이들은 마치 약속이나 한 것처럼 손을 잡고 나란히 걸어가는 것이었습니다. 문화적 충격을 받은 인류학자는 왜 달리지 않았냐고 아이들에게 물어보았습니다. 그러자 아이들은 "내가 1등 하면 나머지 친구들이 너무 슬프잖아요"라고 대답했습니다.

비록 가난하고 배움이 부족한 그들이었지만 이렇게 아름다운 문화를 형성한 이유가 무엇인지 알아보니 바로 '우분투'라는 문화가 있었던 것입니다. 우분투는 '우리가 함께 있기에 내가 있다'는 뜻으로 개인의 이익보다는 관계와 공존에 더 큰 의미와 가치를 두는 공동체 정신입니다.

매일 고객을 상대하는 직업을 가진 분들은 때로 고객이 귀찮고 피곤하게 느껴질 수도 있을 것입니다. 또 몸이 아프거나 기분이 좋지 않을 때도 웃으며 친절을 베풀어야 하는 것이 괴롭게 느껴지기도 할 것입니다. 그러나 생각해보면 고객이 있기에 내가 일할 수 있고, 내 능력을 발휘할 기회가 있는 것입니다. 그런 순간일수록 고객에게 차질 없이 서비스를 제공하겠다는 마인드로 최선을 다한다면 고객의 기분이 좋아지고, 나와 회사에 대한 평가가 좋아져서 결과적으로 그 성과는 내게로 돌아오는 것입니다. 이것이 바로 스마일 파워의 선순환이라 할 수 있습니다. 궁극적으로 그 모든 것이 남을 위해서가 아니라 나를 위해서 하는 것임을 잊어서는 안 됩니다. 또한 내가 먼저 바뀌지 않는 한 타인은 바뀌지 않습니다.

일본의 한 경영 컨설턴트는 인생을 바꾸는 법에 대해 "시간을 달리 쓰고, 사는 곳을 바꾸고, 새로운 사람을 사귀라"고 말했습니다. 그러나 사회생활로 바쁜 직장인들에게 시간을 달리 쓰고, 사는 곳을 바꾸고, 새로운 사람을 사귀는 것이 쉬운 일은 아닙니다.

주역이나 여러 고전을 보면 인생의 운을 바꾸려면 세 가지를 바꾸라고 조언합니다. 첫째, 운동을 하라고 합니다. 운동을 하면 체력이 좋아지고, 건강이 좋아지면 활력과 자신감이 높아져서 인생이 더욱 긍정적으로 변한다는 것입니다. 둘째는 바꿔야 한다고 합니다. 생각을 바꾸기 위해서 공부하고, 주변 정리를 통해 환경을 바꾸거나, 자신의 인상을 바꾸기 위해 표정과 언행을 바꾸는 것입니다. 셋째, 남에게 베푸는 것을 강조합니다. 남을 도와주면 자신에게 복이 온다는 것입니다.

인상학에서는 수상보다 더 중요한 것이 인상이고, 인상보다 더 중요한 것이 심상이며, 심상보다 더 중요한 것이 덕상이라고 말합니다. 남을 돕는 일만큼 좋은 운을 만드는 것이 없다는 의미입니다.

인간관계든, 직장에서 고객과의 관계든, 혹은 동료와의 관계든 내가 먼저 바뀌지 않고서는 상대방의 변화를 기대할 수 없습니다. 결국 내 인생을 바꾸는 것은 남이 해주는 것이 아니라 내가 하는 것입니다. 내가 먼저 바뀌면 상대방의 반응이 달라지고, 그것이 지속되면 상대방이 내게 갖는 감정과 평가가 달라지면서 관계도 바뀌고 결국 인생이 바뀌게 됩니다.

마케팅의 대가 조서환 회장에게 배우는 성공을 부르는 마인드셋

긍정적인 사고는 내면을 건강하게 단련시키고 행동을 변화시킵니다. 이러한 내면은 얼굴에 그대로 나타납니다. 내면이 건강하면 얼굴에 긍정적인 기운이 흘러넘칩니다. 어떤 어려움과 고통에 처해도 긍정적인 자세로 그것을 극복하면 인상은 확연히 달라집니다.

긍정의 마인드로 마케팅에서 신화를 쓴 인물이 있습니다. '20세의 치아를 80세까지, 2080치약!', '샴푸와 린스를 하나로, 하나로 샴푸'. '쇼를 하라, 쇼!' 등 애경, 다이얼, 로슈, KTF 등에서 놀라운 성공스토리를 만들어낸 조서환 회장입니다.

그는 23세 때 장교로 군복무 중 수류탄 사고로 오른손을 잃었습니다. 잘못된 수류탄을 처리하다가 그의 손에서 폭발해버린 것입니다. 그런데 그는 그 상황이 감사하다고 말합니다. "만약에 수류탄을 집어들었을 때 배 부분에서 터졌더라면 제가 살아 있겠어요? 수류탄을 던지려고 팔을 어깨 뒤로 젖히는 순간 터졌더라면 제 머리는 어떻게 되었겠어요? 그런데 놀랍게도 수류탄을 던지려고 팔을 최대한 뻗는 순간에 터져서 한 손만 잃고 끝난 거잖아요"라고 태연하게 말을 합니다.

그에게는 애인이 있었습니다. 한쪽 팔에 붕대를 감고 있는 상태에서 아직도 사랑한다는 애인에게 이별을 고했지만, 그녀의 마음은 흔들림이 없었다고 합니다. 가족의 반대에도 불구하고 결혼을 한 조회장은 그때부터 인생의 단 하나 목표는 아내를 누구보다 행복하게 해주는 것이었습니다. 그는 사관학교 시절부터 꿈꾸던 군인의 꿈 대신 영문학과에 입학해 우수한 성적으로 졸업을 해서 구직에 나섰습니다. 그러나 세상은 한쪽 손이 없는 그에게 결코 친절하지 않았습니다. 매번 면접에서 떨어지곤 했습니다. 그러던 중 애경에서 영문과 졸업생을 찾는다는 공고를 발견하고 지원을 했고 면접까지 올라갔습니다. 면접장에서 오른손이 의수임을 알게된 면접관들은 차가운 시선을 보내며 "집으로 돌아가 가족들과 편하게 살라"고 그 자리에서 불합격을 통보했습니다. 그는 면접장을 나와 집으로 돌아가기 위해 전철역에 섰는데 비참함과 모멸감, 분노가 밀려왔다고 합니다. 그래서 다시는 이런 일이 일어나지 않게 하겠다고 생각하고 다시 면접장으로 뛰어갔다고 합니다. 그는 면접관들을 향해 "제게 일어난 사고는 나라를 위해 근무하다가 생긴 사고였습니다. 누구에게나 이런 비극이 일어날 수 있습니다. 애경처럼 대기업에서도 이런 편견을 가지고 있는 것에 대해 비통하기 그지없군요. 다시는 이런 부당한 일로 다른 사람들에게 상처를 주지 말아 주십시오"라고 말했습니다. 그러고 나서 회사를 나오는데 누군가 불렀다고 합니다. 바로 애경의 장영신 회장이었습니다. 그리고 다음날 합격 통보를 받고 신화를 쓰기 시작합니다.

조회장은 애경 입사 후 3년이 지날 즈음에 애경과 영국의 유니레버 조인트벤처 기념식에서 장영신 회장의 기념사를 통역하는 역할을 맡았고 그로부터 애경에서 영어 1인자로 인정을 받게 되었습니다. 그 이후 마케팅 부서에서 럭스 비누, 비놀리아, 썬실크 샴푸, 하나로 샴푸 등을 연이어 성공시켰습니다. 이러한 성공으로 수많은 기업에서 입사 제의가 쏟아져서 미국 다이알코리아 등 유명 기업에서 마케팅을 전두 지휘하며 마케팅의 대가로 이름을 널리 알렸습니다. 2001년~2009년에는 KTF 부사장을 역임했습니다.

현재 조서환마케팅그룹 대표와 아시아태평양마케팅포럼 회장을 맡고 있는 그는 여전히 후학을 양성하고 사람들을 돕는 일에 열정을 다하고 있습니다.

그는 한쪽 손이 없는 신체적 장애를 안고 있지만 어느 누구보다 밝은 미소를 가지고 있고, 에너지와 활력이 넘칩니다. 그는 내면의 건강함과 긍정적인 마인드가 인상을 어떻게 바꾸어 놓는지를 보여주는 롤모델입니다.

그는 후배들에게 “자신의 장점과 단점을 생각해보세요”라고 하면서 생각할 시간을 줍니다. 그리고 단점은 보완해서 노력하면 잘해야 2등이지만 장점에 집중해서 노력하면 1등으로 가기 쉽다고 말하며 단점보다 장점에 집중하라고 강조합니다.

역경 속에서도 초긍정의 마인드로 최선을 다하면 인생을 바꾸고 성공을 향해 나아갈 수 있다는 것을 그를 통해 배우게 됩니다.

우리는 누구나 자신의 매력과 장점을 갖고 있습니다. 자신을 차별화해 브랜딩하고 마케팅할 때 단점의 보완보다 장점에 집중하고 장점을 극대화해야 합니다. 자신만의 매력을 찾아 그것을 브랜딩하고 탁월함으로 무장하는 것이 1등으로 가는 방법이기 때문입니다.

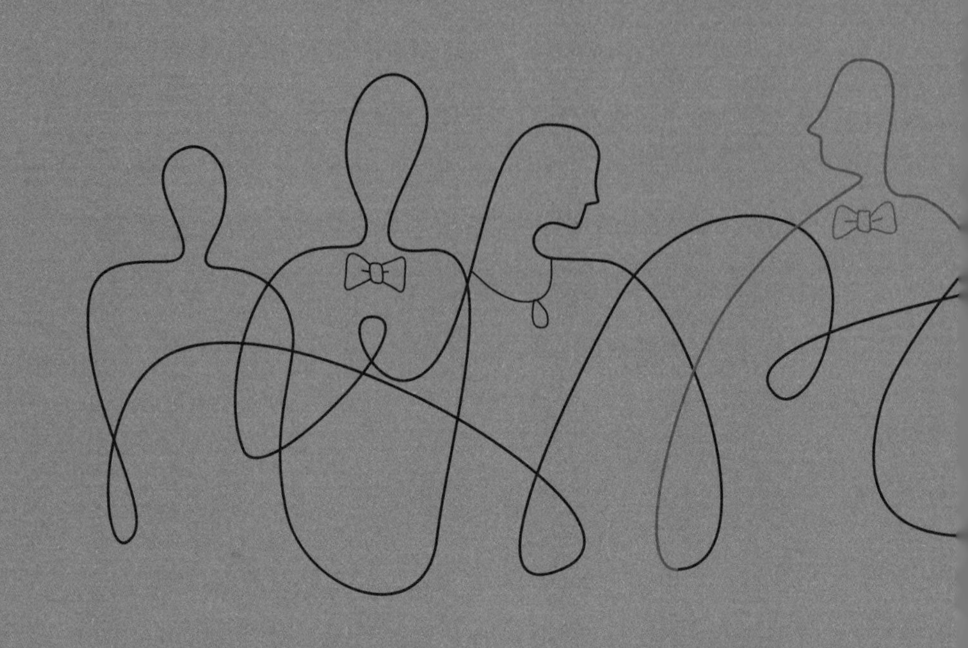

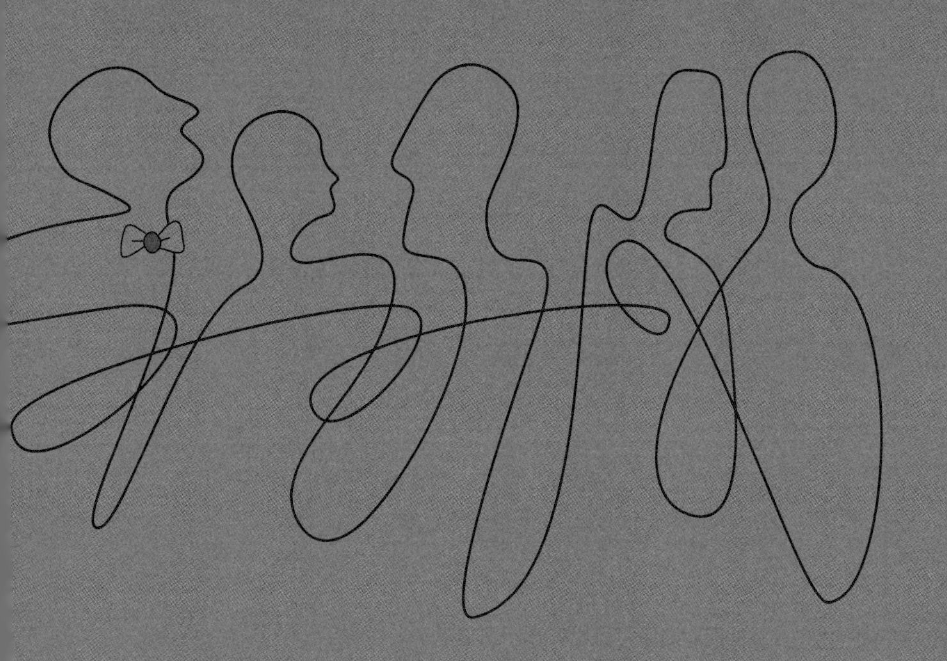

제3강

매력적인 외모를 만드는 외면 관리법

효과적인 의사소통 = 비언어적 요소 + 언어적 요소

UCLA 심리학과 명예교수이자 커뮤니케이션 전문가인 앨버트 메라비언(Albert Mehrabian) 박사는 10년간의 종단연구를 한 결과 의사소통에서 중요한 것은 비언어적인 메시지라는 결과를 얻었습니다.

메라비언 박사는 1971년에 출간한 저서 《침묵의 메시지(Silent Messages)》에서 의사소통 시 영향을 주는 요소를 분석한 결과, 시각적인 요소(얼굴표정, 자세, 옷차림. 행동)가 55%, 청각적인 요소(음색, 목소리, 억양, 속도, 말투)가 38%, 언어(내용)가 7% 라고 말했습니다.

효과적인 의사소통을 하려면 얼굴표정과 눈빛, 제스처, 옷차림이나 자세, 목소리와 어조 등의 비언어적 요소가 차지하는 비율이 93%에 이른다는 것입니다. 이것이 바로 "소리 없는 행동의 메시지가 말의 메시지보다 크다"는 명언을 탄생시킨 이론으로서 '메라비언의 법칙'으로 불립니다. 이 법칙은 50년이 넘은 지금까지도 소통과 이미지 메이킹 분야에서 공식처럼 적용되고 있습니다.

누군가를 만나서 대화를 나누고 집에 오면 그 사람의 말보다도 얼굴과 표정, 눈빛, 목소리가 더 기억에 선명하고 오래 남는 것을 경험해보셨을 것입니다. 그 이유는 우리의 뇌가 외부에서 들어오는 정보를 인식할 때 시각적인 정보를 받아들이고 처리하는 데 가장 빨리 반응하고 많은 에너지를 쓰기 때문입니다.

앞에서 말했던 케네디와 닉슨의 TV토론 동영상을 분석해보면 인간의 오감 중에 시각이 큰 영향을 미친다는, 즉 비언어적 메시지가 크게 영향을 미친다는 메라비언의 법칙을 확인할 수 있습니다.

당시 TV토론을 하기 전에 라디오 토론을 수차례 하면서 닉슨은 인지도도 높았고 달변가라고 할 정도로 말을 잘해서 사전지지율 조사 결과는 닉슨의 당선을 점치고 있었습니다. 그리고 미국에 TV가 1억 명 정도 볼 수 있을 만큼 보급이 되자 세계 최초로 1960년 9월 TV토론을 하게 되었습니다. 사전지지율에서 큰 차이로 지고 있던 케네디는 TV토론에 집중하며 복장과 제스처, 스피치 등을 어떻게 할 것인지 이미지 전략을 철저하게 세우고 연습을 했습니다. 반면 닉슨은 건강도 좋지 않았고 바쁜 일정으로 인해 이미지 관리에는 크게 신경 쓰지 않았으며, 토론 당일에 메이크업도 거부한 채 토론에 임했습니다. 라디오 토론 이후 닉슨은 차의 문에 다리까지 찧어서 절룩거리는 불편한 몸 상태여서 강단에 기대어 토론에 임했습니다. 반면 케네디는 말끔한 수트에 바른 자세, 힘 있는 제스처와 목소리로 자신감 있게 토론에 임했습니다. 특히 닉슨과 비교되었던 점은 케네디의 매력적인 미소와 카메라 응시였습니다. 토론 내내 닉슨은 거의 웃지 않고 카메라를 쳐다보지도 않았지만, 케네디는 미소와 함께 카메라를 응시하면서 시청자들을 직접 보는 듯한 느낌을 주었습니다. 그 결과 케네디가 제35대 대통령으로 당선되었습니다.

사전지지율에서 열세를 보이던 케네디의 승리는 메라비언의 법칙이 사람들의 심리에 적용되고 있음을 알 수 있습니다. 그러나 한 가지 중요한 사실은 메라비언의 법칙을 잘 해석해야 한다는 것입니다. 비언어적 요소가 93% 영향을 미친다 해도 그것이 더 중요하다는 의미는 아닙니다. 본래 의사소통의 궁극적인 목적은 7%에 해당하는 언어적 메시지를 상대에게 설득력 있게 전달하는 것입니다. 이때 시각적인 요소나 청각적인 요소를 잘 관리하고 표현하면 언어적 메시지를 전달하는 데 매우 큰 영향을 미칩니다. 만약 비언어적 메시지가 거부감이 들거나 매력적이지 못하면 언어적 메시지의 전달력과 설득력은 크게 떨어지게 됩니다. 그러므로 효과적인 소통을 위해서는 비언어적 메시지와 언어적 메시지를 함께 잘 활용해야 합니다.

얼굴 이미지 메이킹이 중요한 이유

2008년 저는 직장인 520명을 대상으로 '맨 처음 만난 상대의 어디를 가장 먼저 봅니까?'라는 연구를 진행한 적이 있습니다. 그 결과 79.1%의 사람이 "얼굴 전체와 눈을 본다"고 대답했습니다.

MIT의 칸 위셔 교수는 인간의 뇌는 인체의 다른 부위는 무시하면서 얼굴은 특별대우를 하는 부위를 따로 둘 정도로 얼굴을 특별하게 인식한다고 말했습니다.

얼굴은 인체 중에서 오감을 느낄 수 있는 유일한 기관이고, 인간관계의 창구이자 첫인상의 핵심이기 때문에 퍼스널 브랜딩에서 가장 먼저 관리해야 할 대상이기도 합니다.

사람들이 누군가를 만났을 때 가장 먼저, 그리고 많이 보는 곳이 얼굴이라면, 그 이유는 무엇일까요? 얼굴은 한 사람의 내면이 가장 많이 반영되는 거울로서 그 사람이 어떤 감정과 생각, 인품을 가졌는지 판단할 수 있는 가장 중요한 곳이기 때문입니다. 얼굴은 나의 모습 중에서 타인들에게 가장 먼저 보이는 곳이자 내가 누구인지 구별하고 판단하는 단서이며, 관계 교류의 중심 창구입니다. 개인의 특징 중에서도 가장 먼저 지각되고 언급되는 대상이며, 얼굴에 근거해 상대방의 성격적인 특성에 대해 신뢰할 만한 판단을 내리는 기준이기도 합니다.

얼굴에는 인체의 오장육부와 연결된 혈이 있어서 몸에 이상이 생기면 해당 부위에 뾰루지가 생기거나 색이 변하게 됩니다. 그래서 의학 기술이 발달되지 않았던 옛날에는 망진법이라고 해서 얼굴을 살펴 병을 진단하기도 했습니다. 그만큼 얼굴은 한 사람의 정서뿐만 아니라 건강과 나이, 인품에 이르기까지 모든 것이 드러나는 곳입니다.

표정은 문화, 인류, 교육, 국가를 초월해 인간의 감정과 의사를 표현하고 전달하는 커뮤니케이션 수단입니다. 인류는 오래전부터 언어 대신 표정으로 자기 의사를 표현해 왔습니다.

심리학자 폴 에크만은 한 가지 연구를 진행했습니다. 그는 오래전 미문명지인 파푸아뉴기니에서 다양한 상황에서 사람들의 표정을 담은 사진을 가지고 와서 전혀 접촉이 없었던 서구 사람들에게 보여주었습니다. 그러자 표정에 대한 그 사람의 감정을 정확히 알아냈다고 합니다. 그 이유는 얼굴근육과 뇌는 연결되어 있어서 인종과 상관없이 느끼는 감정과 반응하는 표정근육이 같기 때문입니다. 외국인을 만났을 때 언어가 통하지 않아도 표정과 몸짓만으로도 커뮤니케이션이 가능한 것은 표정에서 감정을 읽을 수 있기 때문입니다. 얼굴이 만들어내는 표정은 감정과 의사를 표현할 수 있는 비언어적 수단이며, 보편적인 의미를 지닌 세계 공통어인 셈입니다.

그렇다면 호감이 가고 신뢰감을 주는 얼굴은 어떤 얼굴일까요? 그것은 생김새에만 있지 않습니다. 한 사람의 매력과 신뢰도는 내면과 외면이 조화로운지에 따라 결정됩니다. 사회생활을 통해 자신의 가치를 인정받고 원만한 인간관계를 형성하고 싶다면 내면에만 또는 외면에만 치중해서는 안 됩니다. 조화로운 얼굴은 '표현 능력'에 의해 좌우됩니다. 아무리 능력이 뛰어나고 진실해도 그것을 상대방에게 잘 전달하거나 표현하지 못하면 오해를 일으키거나 손해를 보는 경우가 많습니다. 따라서 내면의 가치를 얼굴을 통해 조화롭게 표현하는 능력을 향상하는 과정이 얼굴 이미지 메이킹입니다.

현대인에게 얼굴 이미지 메이킹은 자신의 브랜드 가치와 몸값을 올리는 일이자 성공 능력을 높이는 일입니다.

인상은 자신의 관리능력을 보여주는 잣대다

링컨이 상원의원에 출마해서 낙선하고 대통령이 되기 위한 선거에서도 낙선을 거듭할 때였습니다. 그레이스 베델이라는 11세 소녀가 그에게 편지를 보냈습니다. 편지 내용은 '마른 얼굴로 인해 움푹 들어간 볼을 수염으로 채운다면 인상이 더 좋아 보일 것 같다'는 것이었습니다. 링컨은 그 소녀의 편지를 읽고 일리가 있다고 생각해 소녀의 편지대로 수염을 길렀고, 그 결과 선거에서 승리해 미국 대통령이 되었습니다.

다음의 두 사진은 모두 링컨의 사진입니다. 두 사진 중 어느 쪽이 대통령으로서의 신뢰감이 느껴지시나요? 왼쪽에 있는 링컨이 대통령이 된다면 왠지 나라가 나약하고 가난해질 것 같은 느낌이 드는 반면, 오른 쪽에 있는 링컨이 대통령이 된다면 나라가 부강해질 것

같은 느낌이 들 것입니다.

링컨이 지식이 풍부하고 인품이 좋다는 사실은 미국 국민들 사이에서 소문이 자자했다고 합니다. 그러나 왼쪽 사진이 걸려 있을 때의 대선에서는 득표율이 낮았습니다. 반면 오른쪽에 있는 사진이 걸려 있을 때는 당선에 성공했습니다. 특히 리더일수록 얼굴 이미지가 매우 중요합니다. 눈빛과 표정 등 하나하나가 미치는 영향력이 크기 때문입니다.

링컨이 대통령이 되고 나서 장관을 뽑을 때 미국에서 매우 유능하다는 사람을 추천받게 되었습니다. 이력서를 보니 나이 마흔에 불과한 젊은이였는데, 나이에 비해 갖고 있는 경력이 매우 화려한 능력 있는 인물이었습니다. 링컨은 "이렇게 훌륭하고 유능한 청년이 우리 미국에 있다니 참 다행이군요. 당장 만나보고 싶습니다"라며 기뻐했습니다. 그런데 링컨은 그 사람을 직접 보자마자 실망했습니다. 능력에 비해서 인상이 매우 안 좋았기 때문입니다.

링컨은 잠시 고민을 하다가 비서실장을 불러서 "그 사람을 그냥 돌려보내게! 다른 사람을 더 찾아봐야겠어"라고 말했습니다. 비서실장은 놀라며 "그 말씀이 진심이십니까? 그만한 능력을 갖춘 사람을 구하는 게 그리 쉽지 않을텐데요?"라고 되물었습니다. 그러자 링컨은 "그 사람의 능력은 참 탐이 나지만, 한 나라의 장관이라는 사람이 어떻게 자기 얼굴 하나도 관리 못해서야 되겠는가. 나이 마흔이면 얼굴에 책임을 져야 하네"라고 대답했습니다. 비서실장은 그제야 수긍하고 링컨의 지시에 따랐습니다.

링컨의 말은 생리학적, 해부학적인 측면에서도 일리가 있습니다. 사람의 피부와 근육은 20대에 들어서면서 노화가 진행되기 시작하고, 30세를 전후로 탄력이 급격하게 떨어지면서 굳어지기 시작합니다. 그래서 얼굴근육이 굳어지기 시작하는 서른부터 마흔까지의 약 10년 동안 어떤 표정을 자주 지었느냐에 따라 자신의 인상으로 고착됩니다.

얼굴에 책임을 진다는 것은 자신의 신분과 역할에 어울리는 인상으로 자신을 관리하는 일입니다. 그것은 의도적인 관심과 노력으로 얼마든지 가능합니다. 타고난 생김새는 어쩔 수 없지만, 인상은 나의 관리능력에 따라 충분히 바뀔 수 있습니다.

좋은 인상을 만들기 위한 눈과 입의 역할

좋은 인상의 얼굴은 어떤 모습일까요? 좋은 인상이란 눈과 입, 마음과 표정이 동시에 웃으면서 상대에게 호감과 신뢰를 주는 인상을 말합니다. 특히 눈과 입이 함께 웃어야 상대방에게 편안하고 기분 좋은 느낌을 줄 수 있습니다. 다음 페이지의 그림을 보면 이해가 쉬울 것입니다.

세 가지 중에서 몇 번 그림의 인상이 좋다고 느껴지시나요? 아마도 맨 오른쪽 3번 그림이 가장 인상이 밝고 편안하게 느껴지실 것입니다. 얼굴 인상을 결정하는 이미지 요소는 눈, 입, 볼입니다. 그리고 3번처럼 눈과 입이 다 웃어야 가장 좋은 인상입니다. 하지만 눈, 입, 볼 중에 어디가 더 중요한지 순위를 따진다면 입이 더 중요하다고 할 수 있습니다. 1번처럼 비록 눈이 차갑지만 입이 웃으면

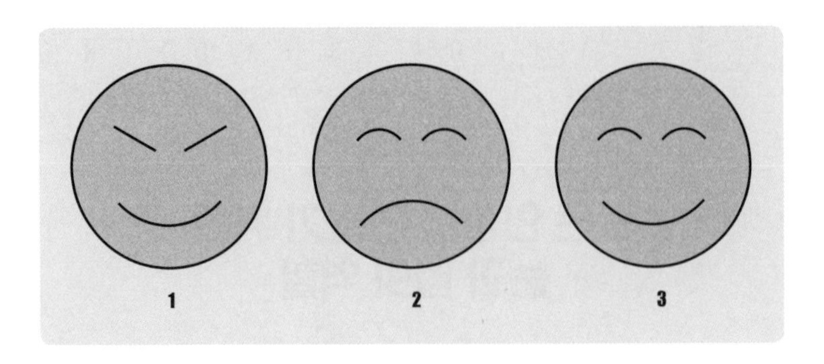

전체적인 인상이 웃는 것처럼 보입니다. 하지만 2번처럼 눈은 따뜻하더라도 입꼬리가 처지면 불평불만이 있는 사람처럼 보입니다.

인상학적으로 입은 복을 담는 그릇, 또는 물 위에 떠 있는 배로 비유합니다. 그릇이나 배는 바로 놓여야 무언가를 담을 수 있고 뒤집어져 있으면 아무것도 담을 수 없습니다. 시각적으로도 입꼬리가 올라간 얼굴이 훨씬 밝고 호감이 갑니다. 1번처럼 눈이 차가워도 입이 올라가면 웃는 것처럼 보이므로 입의 이미지를 우선 밝게 하는 것이 호감 가는 인상으로 개선하는 요령이기도 합니다.

그렇지만 상대방의 마음까지 밝아지도록 만드는 좋은 인상은 3번처럼 눈과 입이 동시에 웃는 얼굴입니다. 눈은 마음이 웃어야 비로소 웃게 됩니다. 왜냐하면 눈동자를 감싸고 있는 안륜근은 불수의적인 근육으로 억지로 웃을 수 없으며, 오직 정서적인 반응에 의해서만 움직이기 때문입니다. 그래서 눈썹을 올려서 간접적으로 운동하는 수밖에 없습니다. 반면 입은 수의적인 근육으로 억지로 웃어도 얼마든지 입꼬리를 올리며 웃을 수 있습니다. 자신의 감정과 상관없이 의도적인 연출이 가능합니다. 그래서 입 모양은 조금만 노력하면 얼마든지 좋은 인상으로 바꿀 수 있습니다. 또한 자주 웃으면 혈액순환이 좋아지고 볼에 탄력이 생겨서 혈색과 탄력이 좋아집니다. 볼 근육을 의도적으로 수축하는 느낌으로 자주 웃게 되면 젊어짐과 동시에 건강하고 밝은 인상을 가질 수 있습니다.

결론적으로 인상은 표정을 통해 만들어집니다. 그리고 표정은 마음 상태에 따라 밖으로 표현되기 때문에 근본적으로는 마음이 표정과 인상을 좌우합니다.

진짜 미소는 얼굴의 세 군데를 올려야 한다

찰스 다윈은 인간은 신체 근육 중에 얼굴근육이 가장 발달되어 있고 섬세해서 가장 쉽게 바뀐다고 말했습니다. 얼굴은 조금만 훈련하면 빠른 시간 내에 변화합니다. 얼굴근육의 탄력이 좋고 표정이 밝으면 나이도 어려 보이고 인상도 좋아집니다.

표정 연구의 대가이자 심리학자인 폴 에크만의 연구에 따르면, 인간이 지을 수 있는 표정은 약 만여 가지이고, 이 많은 표정을 형성하는 데 관여하는 근육은 불과 40여개 밖에 되지 않는다고 합니다. 이를 통해 얼굴근육의 움직임이 얼마나 섬세하고 다양하게 움직이는지를 알 수 있습니다. 또한 그의 연구에 따르면, 얼굴근육신경은 뇌와 연결되어서 얼굴근육을 움직이면 기분이 변한다고 합니다. 얼굴근육을 안으로 수축하면 부정적인 정서를 느끼고, 밖으로 펴면 긍정적인 정서를 느끼게 됩니다. 또한 얼굴에 있는 경혈점 6개는 오장육부와 연결되어 있는데, 세로토닌 호르몬의 90% 이상이 장에서 분비됩니다. 그래서 운동을 해도 기분이 좋아지고 얼굴 근육을 움직이기만 해도 기분이 좋아지게 됩니다.

몸 근육을 발달시키기 위해서는 식이요법과 함께 강한 웨이트 트레이닝 운동을 여러 달 동안 해야 조금 효과를 볼 수 있는 반면, 얼굴은 특별한 식이요법도 필요 없으며, 강한 운동이 아닌 가벼운 운동만으로도 매우 짧은 시간에 변화가 가능합니다. 그동안의 실험이나 개인 컨설팅을 통한 연구 결과를 살펴보면, 보편적으로 20대를 기준으로 했을 때 표정운동을 통해 2주 만에 인상이 바뀌는 것을 확인할 수 있었습니다. KBS 프로그램은 대한민국 교포들이 사는 곳에 방영이 되는데 제가 출연했던 KBS TV특강 프로그램을 본 캐나다 교민은 차가운 인상으로 취직이 되지 않다가 TV를 보고 표정운동을 해서 취직이 되어 한국에 왔을 때 찾아와 고맙다는 인사를 건네기도 했습니다.

얼굴 인상의 핵심인 표정은 진정성 있는 진짜 미소를 짓는 것이 중요합니다. 앞에서 말했듯이, 입은 자기 마음대로 움직일 수 있지만 눈은 억지로 웃을 수 없으므로 눈과 입이 웃어야 진정한 미소입니다. 진짜 미소는 눈의 표정과 입의 표정에 의해 좌우되는데, 눈 표정은 눈썹근육인 추미근과 눈둘레근인 안륜근의 움직임에 의해 결정됩니다. 그리고 입 표정은 구륜근과 소근육, 구각하체근, 대협골근, 상순거근, 입꼬리올림근 등에 의해 형성됩니다.

그래서 표정을 밝게 지으려고 틈틈이 노력하면 큰 도움이 됩니다. 눈 주위를 둘러싼 안륜근을 풀어주는 운동을 하고 입 주위를 둘러싼 구륜근과 입꼬리를 올려주는 대협골근 등을 단련하면 얼마든지 밝은 인상으로 바뀔 수 있습니다. 표정운동을 하면 단순히 인상만 좋아지는 것이 아니라 건강하고 어려 보이는 동안효과도 얻을 수 있습니다. 볼근육을 앞으로 나오게 수축하고 위로 올리면 볼근육과 얼굴 전체 근육에 탄력을 주면서 눈썹부터 코끝까지인 중안의 높이를 짧아 보이도록 착시효과를 주기 때문에 실제 나이보다 어려 보이고 인상학적으로 좋은 이미지를 가질 수 있습니다.

SBS 〈좋은 아침〉에서 동안에 대한 내용으로 미니특강과 토크를 할 때였습니다. 방송국 측에서 42세의 한 여성을 무표정한 얼굴과 웃는 얼굴의 사진을 찍어 지나가는 행인들에게 '나이가 어느 정도로 보이는가?'라는 질문을 해보았습니다. 그러자 미소를 지은 사진이 무표정한 사진보다 평균 4년 이상 젊어 보인다고 대답했습니다. 또한 미소 연구가의 연구 결과에 따르면, 위 치아만 보이면 10년 젊어 보이고 사고가 건전해 보여서 신뢰감을 쉽게 얻게 된다고 합니다.

따라서 표정운동을 통해 좋은 인상은 물론, 동안과 신뢰감까지 얻는 효과를 기대할 수 있습니다. 위에서 말했듯이 표정운동을 통해 2주면 인상을 충분히 바꿀 수 있습니다. 그렇다면 어떻게 운동하면 될까요? 얼굴의 세 군데만 올리면 됩니다. 그 방법은 다음과 같습니다.

1. 눈썹을 올리자.

눈동자를 감싸고 있는 안륜근이 굳어 있으면 눈매가 차갑게 보입니다. 그러나 안륜근은 자신의 의지대로 움직일 수 없는 근육이기 때문에 간접적으로 눈썹 근육과 눈동자를 움직이면서 운동을 하면 됩니다.

이것은 미간의 주름을 완화하고 안륜근을 풀어주는 운동입니다. 일명 인상을 펴는 운동입니다. 인상을 찌푸리고 있는 사람에게 "인상을 피세요"라고 말을 하는데, 이때 눈썹만 올려도 인상이 환하게 펴집니다. 이 운동은 특히 눈인상이 차가운 사람들에게 매우 효과적인 운동입니다. 눈인상이 차가운 사람들의 특징은 아이라인 형태가 직선이거나 눈끝이 뾰족하게 예리한 경우가 많습니다. 그래서 눈썹을 올리면 아이라인 형태가 직선에서 곡선으로 부드럽게 바뀌게 됩니다. 본래 직선은 차갑고 강하고 날카로운 느낌을 주고, 곡선은 부드럽고 완만한 느낌을 줍니다. 눈썹을 얼린 상태에서 5초간 유지했다가 힘을 빼주면 됩니다. 이렇게 하면 이마에 주름이 생겨 걱정하는 분이 많습니다. 이마의 주름을 방지하기 위해 웃는 운동을 하지 않는다면 작은 것을 위해 큰 것을 잃는 것과 같습니다. 주름은 걱정하지 마시고 눈썹을 힘껏 올려주세요. 이 운동을 하면 인사를 할 때도 보다 진정성 있는 느낌을 줄 수 있습니다. 인사를 할 때 눈썹을 살짝 올렸다 내리면서 하면 보다 친절한 이미지를 전달할 수 있어 고객을 만나는 접점에서 근무하는 분들은 꼭 해보실 필요가 있습니다. 이 운동을 하면 눈 주위 근육의 탄력을 좋게 하므로 눈주름과 처짐을 예방하는 효과가 탁월하고, 눈도 크고 예뻐지게 하는 효과가 있습니다.

운동 방법은 깜짝 놀랐을 때처럼 눈을 크게 뜨면서 눈썹 근육(추미근)을 올립니다. 5초 정도 유지한 뒤에 편안히 내려주는 운동을 5회 이상 반복합니다.

2. 볼근육을 올리자.

해부학적으로 보면 작은 광대근과 큰 광대근이 안륜근 아래 광대뼈에서 입꼬리 끝에 있는 볼굴대라는 곳을 연결하고 있습니다. 광대근육이 앞으로 볼록하게 수축하면 저절로 안륜근 아래부분이 곡선이 되면서 눈도 따뜻해지고 볼굴대를 위로 잡아당겨 올려주기 때문에 입꼬리도 올라가는 효과를 줍니다.

볼근육을 수축하는 것은 표정운동에서 여러 가지 효과를 가져다 줍니다. 우선 진짜 미소를 만들어 줍니다. 또 미용학적 측면에서는 피부의 신진대사를 좋게 해서 피부톤을 좋게 해주고, 탄력을 높여 줄 뿐만 아니라 중안이 짧아 보여 젊어 보이는 동안 효과도 있습니다. 인상학적 측면에서 보면, 볼근육을 관골근이라고 하는데 관골근은 자신의 위상과 사회활동, 적극성, 에너지 등을 나타냅니다. 관골근의 탄력이 좋으면 자신의 위상이 상할 일이 없이 하는 일이 잘 풀리고, 인간관계가 좋으며, 사회적으로 적극적이고 친절해 보입니다. 특히 서비스직이나 사람을 많이 만나는 직업에 종사하는 분들은 볼근육을 탄력 있게 가꾸는 것이 보다 친절하고 밝은 인상을 주는 효과를 줍니다.

프린스턴대 심리학과 알렉산더 토도로프 교수의 연구를 보면 얼굴의 신뢰도를 결정하는 요소가 여러 가지가 있는데, 그중에 눈썹과 광대근육과 입에 대한 내용이 있습니다. 눈썹 앞머리가 아래로 너무 내려오면 불신감을 줄 가능성이 높으므로 눈썹과 눈 사이의 간격이 적당한 너비를 유지하도록 하고, 광대근육이 평평하면 불신감을 주므로 광대근육을 앞으로 볼록하게 솟아오르도록 해야 신뢰감을 준다고 말합니다. 입꼬리가 위로 올라가면 역시 신뢰감을 준다고 하는데 볼근육을 수축해서 위로 올리게 되면 동안으로 보이고, 좋은 인상과 함께 신뢰감을 주는 얼굴로 변화하게 됩니다.

그 방법은 '음흠~' 하면서 볼근육을 최대한 위로 올려주고, 이때 눈썹과 입꼬리도 함께 올린 상태에서 5초간 유지했다가 힘을 풀어주면 됩니다. 하루에 생각날 때마다 해주되 최소 5번 이상을 해주어야 변화가 일어납니다.

3. 입꼬리를 올리자.

입꼬리를 45도 각도로 올리는 근육인 입꼬리올림근과 입을 옆으로 당겨주는 미소근육을 힘껏 당겨주면 밝고 환한 미소를 지을 수 있습니다. 가끔 타고난 구강구조의 특성상 입꼬리가 잘 올라가지 않는 사람도 있지만, 근육은 운동을 통해 반드시 변화하고 발달합니다. 인상을 바꾸는 데는 작은 관심과 운동만으로도 큰 변화가 일어남을 잊지 마세요.

그 방법은 위의 볼근육 운동 방법과 같습니다. '음흠~' 하면서 볼근육을 수축함과 동시에 입꼬리를 45도 방향인 관자놀이나 귀 위쪽을 향해서 힘껏 당겨주세요. 그 상태에서 5초간 유지했다가 힘을 풀어주면 됩니다. 그리고 입꼬리가 많이 처진 분들은 다음과 같이 해보시기 바랍니다.

- '에-' 하고 발음하는 입 모양 상태에서 입술로 치아를 감싸듯 입술을 입안으로 오므립니다. 그 상태에서 양쪽 볼근육을 올리면서 동시에 입꼬리를 위쪽으로 향해 올리고 5초간 유지합니다. 이때 동시에 눈도 크게 뜨면서 눈썹을 위로 올리고 마음속으로는 볼근육이 올라간다고 생각해야 운동 효과가 커집니다. 이 운동은 입꼬리를 올리는 것 외에도 팔자주름 완화와 탄력 있는 볼을 만드는 데 좋습니다.
- 위의 방법을 5회 이상 반복합니다.

입꼬리를 올리면 웃거나 말을 할 때 아래치아보다 위의 치아가 많이 보입니다. 아래치아가 보일수록 사고가 부정적이고 인상도 어둡게 보입니다. 말을 할 때는 아래치아가 조금 보일 수밖에 없지만, 그래도 되도록 많이 보이지 않는 연습을 하면 긍정적이고 신뢰감 있는 얼굴, 10년 젊어 보이는 얼굴로 가꿀 수 있습니다.

방법은 아랫입술로 아래치아를 감싸 안으며 입안으로 아랫입술을 오므립니다. 위 치아로 오므린 아랫입술을 깨무는 느낌으로 살짝 얹으면서 '앙~' 하고 5초간 유지하는 것을 5회 이상 반복합니다. 이때 입꼬리를 위로 올리면 훨씬 효과적입니다.

한번은 대기업 인사팀장으로 근무하는 분이 컨설팅을 의뢰해왔습니다. 그는 자신은 실제로 따뜻하고 자상한 성격인데 평소에 인상이 강해서 아래 직원들로부터 엄격한 상사라고 오해를 받고, 또 외부에 회의를 가거나 거래처 직원을 만나면 좋지 않은 인상으로 오해를 사는 일이 종종 발생해서 급기야 경영진으로부터 얼굴 인상을 바꾸라는 지시가 내려졌다는 것입니다. 그러다 보니 사람을 만나는 것이 두렵고 인간관계에 자신감도 떨어져서 관계를 형성하는 것 자체가 원활하지 못하다고 고민했습니다.

실제로 만나보니 얼굴형이 각이 지고 미간에 세로 주름이 깊게 패어 있어 인상이 신경질적이고 강하게 보이는 것이 미리 이야기를 들은 것과 비슷했습니다. 그러나 막상 대화를 해보니 재미있고 부드러운 기질을 엿볼 수 있었습니다. 그래서 인상교정운동을 하면 곧 나아질 거라고 조언을 드리고 본격적인 인상교정 프로젝트에 들어갔습니다. 그런데 2주일 만에 인상이 꽤 밝아지고, 또 회사에서 인상이 바뀌었다는 칭찬을 들으면서 그분은 사람을 만나는 일에 자신감을 보이기 시작했습니다.

얼굴은 마음의 창이기에 표정이 어두우면 오해를 받기 쉽습니다. 사회생활과 인간관계에서는 밝은 인상이 성공과 좋은 결과를 불러옵니다. 그래서 좋은 인상을 갖도록 노력하고 관리하는 자세가 필요합니다.

동안을 만들기 위해서 선행되어야 하는 목 운동

얼굴과 목 근육은 서로 연결되어 있어 목 근육이 굳으면 얼굴에도 악영향을 미칩니다. 동안은 탄력 있는 얼굴 피부와 매끈한 얼굴형이 중요합니다. 갸름하고 매끈한 얼굴형을 만들기 위해서는 얼굴근육 운동 이전에 목 운동을 하는 것이 더 효과적입니다.

나이는 목으로 읽는다고 합니다. 얼굴은 팽팽해도 목에 주름이 있으면 나이가 들어 보이게 마련입니다. 아무리 성형수술이 발달했다 하더라도 목을 젊게 가꾸는 것은 그리 쉬운 일이 아닙니다. 그러나 목은 관리만으로도 충분히 노화를 예방하고 치료할 수 있습니다. 아는 한 강사 분은 나이가 60대임에도 목에 주름이 전혀 없고 20대의 목 피부를 유지하고 있습니다. 그 비결을 물어보고 직접 해봤더니 큰 효과를 볼 수 있었습니다. 동안으로 만들어주는 목

마사지와 운동법을 여기에서 소개하고자 합니다. 이 방법은 적은 시간 투자와 노력으로도 효과가 크기 때문에 적극적으로 실행하면 도움이 될 것입니다.

1. 나이를 읽는 나이테, 목주름 예방 운동

목은 피부생리학적으로 피지선이 거의 없기 때문에 외부에서 영양분을 공급해 주지 않으면 건조해지고 주름이 쉽게 생깁니다. 그래서 얼굴에 바르는 기초화장품을 목에도 같이 발라 주는 것이 필요하며 정기적인 관리를 해줄 필요가 있습니다. 아래와 같은 방법으로 목을 젊게 가꿔 보시기 바랍니다.

- 저녁에 세안을 마치고 얼굴에 바르는 기초화장품을 목에도 바릅니다. 그리고 에센스와 영양크림, 혹은 목 전용 크림을 듬뿍 바르고 랩으로 두르고, 물수건을 짜서 전자레인지에 2분 정도 돌려 스팀 타월을 만듭니다. 랩을 두른 목에 스팀 타월로 감싸고 10분 정도 그대로 둡니다. 목에 남은 영양크림을 그대로 흡수시키면 됩니다.
- 이 방법은 성대를 건강하게 해주어서 목이 아플 때 해주면 효과가 좋고, 목의 주름과 탄력에도 효과가 좋습니다. 이 마사지를 하고 나서 아래의 목 운동을 하면 효과가 배가됩니다. 평소에 베개를 높지 않은 것으로 사용하는 것도 도움이 됩니다.

2. 목 운동

목주름을 예방하려면 목근육의 탄력을 주는 운동이 필요합니다. 나이가 들면 얼굴근육의 탄력이 떨어지면서 아래턱 쪽으로 근육이 흘러내려 나이가 들어 보이고 얼굴형도 점점 각진형으로 바뀌게 됩니다. 아래의 운동법은 이중턱을 없애고 늘어진 얼굴 라인을 탄력 있게 만들며, 얼굴형을 V라인으로 바꿔주는 운동법입니다.

- 다리를 어깨너비만큼 11자로 벌려서 편안히 정면을 바라봅니다.
- 입을 다물고 두 손으로 머리를 감싸 안고 천천히 앞으로 당겨 누릅니다. 호흡은 내쉴 때 고개를 숙이고 약 10초에서 15초 정도 유지한 뒤에 원위치로 돌아옵니다. 이 방법을 5~6회 반복합니다.
- 다음은 입을 다문 상태에서 앞가슴을 두 손으로 누릅니다. 이때 호흡을 들이마셨다가 내쉬면서 턱을 앞으로 내밀면서 최대한 목을 뒤로 젖힙니다. 이때 10초 이상 그대로 유지했다가 호흡을 들이마시면서 내립니다.
- 다음은 오른쪽 방향으로 45도 고개를 돌린 후에 같은 방법으로 하고 나서 다시 왼쪽으로 45도를 돌려 같은 방법으로 합니다.
- 다음은 오른손으로 왼쪽 귀 위의 머리를 잡아당기면서 고개를 오른쪽으로 최대한 누릅니다. 이때 호흡은 내쉴 때 고개를 젖히고 본래 상태로 갈 때 들이마십니다. 반대 방향으로도 해줍니다.
- 고개를 왼쪽으로 돌린 뒤에 왼손으로 오른쪽 목근육을 마사지하면서 근육을 풀어줍니다. 반대로도 같은 방법으로 마사지해

줍니다.

- 이 운동은 아래턱에 있는 림프절을 자극해서 노폐물을 배출하고 이중턱을 없앰과 동시에 늘어진 아래턱 살을 정리해줍니다. 따라서 얼굴형을 작고 갸름하게 해주고 성대를 감싸고 있는 근육을 이완해주어 성대 건강에도 좋습니다. 또한 목주름을 예방하는 효과가 매우 뛰어납니다.

대화를 할 때 아이컨택이 중요한 이유

눈은 상대와 가장 빠르고 깊게 교감할 수 있는 창구입니다. 그래서 누군가와 만나서 인사를 하거나 대화를 할 때 밝은 표정 다음으로 중요한 것이 아이컨택입니다. 상대의 눈을 쳐다보지 않는다는 것은 진실하지 않거나 자신감이 없는 경우이므로 불신감을 주게 되고, 결국 소통과 관계가 단절되기 쉽습니다.

토크쇼의 황제 래리 킹은 "가장 매력적이고 말 잘하는 패널을 꼽으라면 누굴 꼽겠는가?"라는 질문에 주저 없이 "빌 클린턴"이라고 대답했습니다. 그러고는 "그와 함께 있으면 이 세상에 단 둘이서만 대화하는 느낌이 들었어요"라고 말했습니다. 상대에게 시선을 고정한다는 것은 상대에게 관심을 집중하고 있으며, 존중하는 마음으로 경청하고 있으며, 상대방이 현재 가장 소중한 사람이라는 것을 표시하는 행위입니다. 그래서 아이컨택은 경청을 위한 중요한 요소입니다.

미국의 심리학자인 캘러먼과 루이스가 진행한 실험이 있습니다. 서로 전혀 만난 적이 없는 남녀 24쌍을 대상으로 12쌍씩 두 그룹으로 나누어서 실험을 진행했습니다. 한 그룹은 2분 동안 상대방의 눈을 바라보게 했고, 다른 한 그룹은 상대의 눈을 바라보지 않도록 했습니다. 그 결과 눈 맞춤을 한 그룹에서 상대에 대한 호감이 높아졌습니다. 이처럼 눈 맞춤의 효과는 빠르고 강력합니다.

하지만 상대방의 눈을 자연스럽게 쳐다보는 일이 결코 쉬운 일은 아닙니다. 강의 시간에 청중에게 짝을 지어 5초간 상대의 눈을 응시하라고 해보면, 절반 이상이 어색해합니다. 그러나 그것은 당연한 일입니다. 대부분의 한국 사람들은 상대방의 눈을 쳐다보는 것에 익숙지 않습니다. 그래서 직장인들이 외국에 나가거나 외국 바이어와 만나서 대화를 나누고 식사를 할 때 가장 어색해하고 불편해하는 것 중의 하나가 아이컨택입니다.

외국 사람들은 식사하는 장소가 곧 대화의 장입니다. 그래서 두 시간 정도 천천히 식사를 하면서 대화를 나누는 것이 일상입니다. 그러나 한국의 식사 문화는 빨리 먹고 일어나기 바쁩니다. 게다가 우리 문화는 식사할 때 말을 많이 하는 것을 금기시합니다. 그래서 한국인들은 대부분 식사하면서 상대방의 얼굴을 쳐다보기보다는 시선이 음식에 가 있습니다. 그러면 외국인의 입장에서는 상대방이 몹시 배가 고파 일에 대한 대화보다는 음식에 더 관심이 있는 것으로 느껴질 수 있습니다.

뉴스를 보면 외국의 대통령과 한국의 대통령이 만나서 인사를 나누거나 와인 잔을 들고 건배하는 모습을 가끔 보게 됩니다. 그때 외국의 대통령은 상대의 눈을 자연스럽게 쳐다보는데 한국의 대통령은 악수하는 상대의 손을 보거나 와인 잔을 쳐다보고 있는 모습을 흔히 보게 됩니다. 한국 사람에게 아이컨택이 그만큼 쉽지 않음을 알 수 있습니다.

아이컨택도 기술이 필요합니다. 첫째, 정면을 봅니다. 둘째, 따뜻하게 봅니다. 셋째, 한쪽 눈을 보다가 천천히 다른 쪽 눈으로 옮깁니다. 정면으로 봐야 하는 이유는 한국인의 눈 구조에 있습니다. 전 세계에서 가장 눈이 작은 민족이 몽골인과 한국인입니다. 한국인의 75% 정도가 외꺼풀입니다. 그래서 대인관계에서 가장 오해를 불러일으키는 것 중의 하나가 "왜 째려봐!"라는 것입니다.

국제이미지컨설턴트협회(AICI)에서 권하는 아이컨택 존(Zone)은 두 눈과 턱을 연결하는 트라이앵글 존입니다. 이 부위를 보면 좋고, 남녀가 대화를 할 때 남자가 여자의 입술을 많이 보지 않도록 특히 주의해야 합니다.

이제 상대의 눈을 자연스럽게 쳐다보는 방법을 익혀 신뢰감과 자신감을 전달해보세요. 먼저 상대방의 얼굴을 정면으로 보되 편안하고 따뜻한 표정으로 바라보세요. 그다음은 상대의 한쪽 눈을 쳐다보면 훨씬 편안하게 응시할 수 있습니다. 한쪽 눈만 오래 쳐다보면 부담스럽게 느껴지므로 이번에는 눈썹과 눈썹 사이인 미간을 쳐다보세요. 그러면 한결 부담감이 줄고 편안할 것입니다. 가끔은 상대의 코나 입, 볼 등을 쳐다봐도 괜찮습니다.

누군가를 만나서 대화할 때 위의 방법을 번갈아 가면서 활용하면 아이컨택이 자연스럽게 이루어질 수 있습니다. 그렇다고 해서 다른 곳을 전혀 보지 말라는 말이 아닙니다. 멀리 쳐다보거나 상대의 얼굴과 가까운 곳을 응시하는 것도 필요합니다. 무언가 생각하면서 이야기할 때는 가만히 다른 한곳을 응시하는 것도 좋습니다. 그러나 다른 곳을 쳐다보는 것과 상대방의 눈을 쳐다보는 비율이 중요합니다. 상대방을 쳐다보는 것을 7, 다른 곳을 쳐다보는 것을 3 정도로 해서 약 7 : 3 정도로 비율을 맞추면 서로 소통이 잘되는 대화가 이루어질 것입니다.

안경은 제2의 얼굴

우리는 보통 시력이 나쁘거나 얼굴의 단점을 커버하기 위해 안경을 씁니다. 안경은 눈의 옷이라 할 수 있습니다. 눈이 아무리 아름다워도 옷을 잘못 입으면 아름다움을 표현할 수 없습니다. 사람의 얼굴을 볼 때 가장 많이 보는 곳이 눈이고, 대화를 할 때도 눈을 바라보기 때문에 눈 인상이 얼굴 인상에서 가장 중요합니다.

강의 현장에서 이미지 클리닉을 할 때 가장 많이 수정하는 것이 표정, 헤어스타일, 안경, 눈썹입니다. 눈이 선한 인상의 사람이 각이 뾰족하고 색이 강한 안경을 쓰면 인상이 강해 보입니다. 그렇다고 둥그런 형태의 안경을 끼면 더욱 순하고 나약해 보이게 됩니다. 이때는 적당한 각이 있는 모양과 컬러, 두께 등을 고려해 파워를 부여해주는 것이 좋습니다.

또 눈과 눈 사이가 먼 사람에게도 안경이 효과적입니다. 눈과 눈 사이가 먼 사람은 선한 인상을 주는 반면, 스마트하고 활동적인 이미지가 다소 부족해 보일 수 있습니다. 이때 브릿지가 강한 안경을 쓰면 간격이 좁아 보이면서 똑똑해 보여 신뢰감을 줍니다. 브릿지란 안경의 코부분을 말합니다.

반대로 눈과 눈 사이가 너무 가까운 사람도 안경으로 교정할 수 있습니다. 이때는 안경테의 브릿지를 가는 것을 선택하는 것이 좋습니다. 안경알에 색이 있는 것은 거리감을 주거나 인상을 부정적으로 형성하게 하므로 되도록 색을 넣지 않는 편이 좋습니다.

안경테를 고를 때 컬러도 중요합니다. 퍼스널 컬러를 진단했을 때 웜톤이라면 실버보다는 골드나 브라운 컬러를 선택하는 것이 좋습니다. 쿨톤이라면 실버톤이나 그레이, 블루, 블랙을 선택하는 것이 좋습니다. 특히 골드는 피부가 자칫 누렇게 보이거나 나이 들어 보일 수 있기 때문에 트렌디한 디자인이거나 확실한 웜톤의 피부가 아니면 신중하게 선택하는 편이 좋습니다.

또한 금속성이 강하면 강할수록 차가운 인상을 줍니다. 은색이나 금색 등의 금속성이 강한 테는 인상이 강해 보이므로 본래 눈이 날카로운 사람은 피하는 편이 좋습니다. 그러나 인상이 너무 유순해서 평소 사람들이 은근히 얕보는 경향이 있다면 일부러 금속테로 보완하는 것도 좋은 방법입니다. 물론 이런 경우에는 얼굴 표정과 헤어스타일 등과 함께 관리해야 하지만 우선 안경으로도 좋은 효과를 얻을 수 있습니다.

인상이 강해 보이지 않으면서 세련된 느낌을 주기 위해서는 반무테나 가는테가 효과적입니다. 얼굴을 많이 가리지 않으면서 눈 인상을 교정할 수 있기 때문입니다. 무테는 지나치게 깨끗하고 창백해 보여 덜 건강해 보이거나 얼굴이 큰 사람에게는 더 커 보이게 하고 얼굴 단점이 그대로 노출되는 경향이 있으며, 자칫 차가워 보일 수 있으므로 신중하게 선택하는 편이 좋습니다.

눈썹이 흐려서 고민인 사람에게는 아이브로우 안경테를 권합니다. 아이브로우 안경테란 눈썹이 있는 듯한 느낌을 주는 안경테를 말합니다. 안경테 위쪽은 두께감이 있고 아래는 가는테, 혹은 무테로 되어 있는 디자인을 말합니다. 이 경우 위쪽의 약간 두꺼운테 컬러는 블랙, 그레이, 브라운이 일반적인데 웜톤인 사람은 브라운, 쿨톤인 사람은 블랙이나 그레이를 선택하는 것이 어울립니다.

안경은 인상을 교정하고, 젊어 보이게 하며, 세련미를 연출할 수 있는 유용한 아이템입니다. 안경을 잘 활용하면 눈의 약점을 보완할 수 있지만, 잘못 활용하면 좋은 인상을 망치게 됩니다. 대인관계에서 눈은 표정과 함께 가장 많이 보는 곳이기 때문에 안경테 하나로도 호감을 줄 수도 있고, 비호감을 줄 수도 있습니다. 얼굴에 약점이 있다면 안경을 잘 활용해보세요. 안경은 제2의 얼굴입니다.

품격을 높이는 패션 스타일링

요즘은 예전과 달리 많은 직장에서 정장만을 허용하는 것이 아니라 비즈니스 캐주얼도 허용해 복장이 바뀌기 시작했습니다. 정장을 입을 때는 공식이 있어 큰 불편함이 없었는데 비즈니스 캐주얼로 입으려니 오히려 더 어렵다고 하는 사람이 많습니다. 옷을 잘 입기 위해서는 우선 비즈니스 캐주얼과 정장의 차이점, 자율복장의 개념을 이해하는 것이 필요합니다.

정장은 한 벌 정장으로 같은 소재와 색상으로 이루어진 상의와 하의로 이루어져 있고, 상의는 어깨에 심이 들어가서 어깨선이 각이 지는 옷이며, 여성의 경우 하의는 바지 또는 치마로 구성되어 있습니다.

비즈니스 캐주얼은 상의와 하의의 옷감과 컬러, 패턴 등이 다르면서 비즈니스 현장에서 누구를 만나도 격식이나 품격이 떨어지지 않는 스타일로, 정장에 비해서 다소 편안함과 자유로움이 느껴지는 스타일입니다. 비즈니스 캐주얼은 넥타이나 행커치프를 해도 되고 안 해도 됩니다. 비즈니스 캐주얼에서 청바지를 입을 수 있느냐 없느냐는 기업이나 조직에 따라 규율이 달라서 그 조직문화를 따르면 됩니다.

청바지야말로 젊음과 세련됨의 이미지를 주고 다양하게 연출할 수 있는 아이템이기 때문에 리스크가 있는 단정하지 않은 청바지나 지나치게 색이 바랜 청바지가 아니라면 직장에서 청바지를 잘 매치해 입어도 좋다고 생각합니다. 비즈니스 캐주얼로 청바지를 입을 때는 청바지가 캐주얼의 대명사로 편안함과 자유로움을 상징하기 때문에 상의는 반대로 클래식한 분위기로 셔츠에 니트 타이를 매고 블레이저를 입으면 가벼움을 보완하면서도 매력적인 스타일로 연출이 가능합니다.

자율복장은 말 그대로 자유롭게 입는 의상으로 조직문화를 감안하고 비즈니스 관계에서 만나는 상대방에게 불쾌감을 주지 않고 품격을 지킬 수 있는 범위 내에서 자유롭게 선택하면 됩니다. 일반적으로 비즈니스 캐주얼을 입는 조직이라 할지라도 금요일에 한해서 프라이데이 스타일이라고 해서 자율복장을 허락하기도 합니다. 코로나 사태 이후 근무 형태가 다양해지면서 모든 조직이 자율복장의 흐름으로 갈 것으로 보입니다. 하물며 정장의 대명사인 아나운서들이 뉴스를 진행할 때도 패션과 헤어스타일이 예전에 비해 많이 자유롭게 변하고 있습니다.

그렇다면 정장과 캐주얼의 기본 구성 요소를 통해 그 차이점을 알아보겠습니다.

구성 요소	정장	비즈니스 캐주얼
아우터	재킷	셋업, 세퍼레이트, 블루종, 니트 등
상의(이너)	남: 셔츠+타이 여: 블라우스, 셔츠	셔츠, 피케셔츠, 라운드 티셔츠, 니트
하의	남: 슬랙스 여: 치마, 슬랙스	슬랙스, 치노팬츠, 청바지, 여: 다양한 치마, 바지
슈즈	남: 구두(스트레이트 팁 등) 여: 구두(펌프스 등)	로퍼, 보트슈즈, 스니커즈, 슬립온 등

캐주얼에도 상의와 하의가 같은 셋업도 있지만, 캐주얼로 연출할 때는 안에 라운드 티셔츠나 타이를 뺀 편안한 캐주얼 셔츠를 입는 것이 일반적입니다. 옷을 입을 때 중요한 것은 무슨 옷을 입느냐가 아니라 어떻게 연출하느냐가 중요합니다. 결국 스타일링 코디법이 매력을 좌우합니다.

가장 중요한 것은 첫 번째로 어울리는 컬러를 선택하는 것입니다. 두 번째는 몸에 딱 맞는 핏감을 유지하는 것입니다. 핏감이 맞지 않아서 옷이 크면 나이가 들어 보이고 유행에 뒤떨어진 이미지를 주게 됩니다. 반면 너무 꽉 끼는 작은 사이즈를 입으면 경박해 보이고 신뢰감이 떨어지기 때문에 적절한 사이즈로 알맞은 핏감을 주는 것이 매우 중요합니다.

세 번째는 재킷과 바지 길이입니다. 재킷의 길이는 키가 작은 사람은 짧게 입어야 신체를 보완할 수 있고, 키가 크면 재킷 길이가 길거나 허리에 라인이 있는 사파리 형식이나 더블 재킷도 좋습니다. 바지 길이는 트렌드에 크게 좌우됩니다. 그해의 트렌드에 맞게 입으면 되는데, 요즘의 경향은 예전보다 짧게 입는 추세입니다. 정장인 경우에는 구두에 살짝 닿을 정도의 길이가 좋고, 캐주얼인 경우에는 복숭아뼈를 살짝 덮는 길이가 좋습니다.

네 번째는 슈즈입니다. 정장에는 스트레이트 팁이나 윙팁이 좋고, 비즈니스 캐주얼에는 로퍼나 스니커즈, 혹은 보트슈즈를 신는 것이 좋습니다. 요즘 트렌드는 정장에도 스니커즈를 매치하는 경우가 많아 조직문화에 맞게 선택하는 것이 좋습니다. 컬러는 기본적으로 어떤 옷에도 잘 어울리는 것이 브라운 계열이니 첫 로퍼를 산다면 브라운 색상을 추천합니다. 스니커즈는 흰색을 기본으로 합니다.

다섯 번째는 양말의 선택입니다. 청바지나 치노팬츠를 입을 경우에는 슈즈를 로퍼나 스니커즈를 신게 되는데, 이때 가급적 발목과 겉으로 드러나는 피부가 그대로 보이는 것이 더 세련되고 젊어 보입니다. 추워지면 양말을 신되 바지나 슈즈와 비슷한 계열의 색으로 신고, 자율복장으로 완전한 캐주얼로 입을 경우에는 양말에 스트라이프나 캐릭터가 있는 등 포인트를 주는 것도 좋습니다. 날이 춥지 않은 계절에는 맨살이 드러나도록 페이크 삭스를 추천합니다.

매력적인 스타일링을 위해서는 조직문화와 그 시대의 트렌드, 자신의 개성이 어우러져야 합니다. 첫인상에서 또는 비즈니스 현장에서 세련되고 젊어 보이는 감각적인 패션은 업무적인 면에서도 좋은 감각을 발휘할 것이라는 기대감을 불러일으키는 효과가 있기에 중요한 전략이라 할 수 있습니다.

나의 매력을 살리는 컬러 코디법

최근 심리에 미치는 컬러의 힘을 활용한 컬러 테라피가 크게 주목받으며 자신의 컬러를 찾는 것이 큰 유행이 되었습니다.

연구 결과에 따르면 자신이 좋아하는 색과 잘 어울리는 색을 판단하는 색채감각은 주변환경, 교육환경, 자연환경, 부모의 영향 순으로 영향을 받는다고 합니다. 자신에게 어울리는 컬러를 찾기 위해 먼저 색에 대한 기본을 언급하고 컬러 코디에 대해 언급해보겠습니다.

컬러의 속성을 이루는 세 가지 요소는 색상, 명도, 채도입니다. 색상은 무채색(흰색, 검정색, 회색)을 제외한 모든 색을 말합니다. 빛이 가시광선의 파장에 의해 스펙트럼으로 퍼지면서 구분되는 다양한 색상들이 존재합니다.

명도는 밝고 어두움의 정도로 0도인 저명도에서부터 고명도인 10도로 총 11단계로 이루어집니다. 가장 어두운 단계는 0도로 검정색이고, 가장 밝은 단계는 10도인 흰색입니다. 중간 단계의 명도는 회색으로 중명도라고 합니다. 평소에 밝은색이 어울리는지, 아니면 중명도의 컬러가 어울리는지 거울을 보며 파악해두면 옷을 고를 때 실수할 확률을 크게 줄일 수 있습니다.

채도는 색의 맑고 선명함의 정도로, 일명 순도라고도 합니다. 채도가 높은 색은 고채도로 선명하며, 채도가 낮은 색은 저채도로 탁합니다. 고채도일수록 선명하고 화려하며 강한 느낌을 주며, 에너지가 있어 보이고 활동적인 이미지를 줍니다. 저채도는 고상하고 차분한 이미지를 주며 침착한 인상을 줍니다.

명도와 채도가 합해져서 톤(Tone)을 만듭니다. 어울리는 컬러를 찾을 때 무슨 색이 나에게 잘 어울리는지를 봐야 하지만, 더 중요한 것이 있습니다. 바로 어떤 톤이 내게 어울리는지를 보는 것입니다. 또한 톤에서 하나 더 추가해야 할 것이 있습니다. 바로 웜톤과 쿨톤입니다. 요즘 웜톤과 쿨톤이 많이 언급되어 많은 사람이 오해를 하는 부분이 있습니다. 나는 웜톤이므로 노랑, 초록, 주황색 위주로 입어야 한다는 식으로 알고 있는 것입니다. 그러나 누구나 모든 색을 어울리게 입을 수 있습니다. 단지 그 색이 어떤 톤인가를 볼 줄 아는 것이 중요합니다. 웜톤도 쿨톤도 아닌 순색에 노란색 물감이 섞인 것 같아서 전체적인 느낌이 따뜻한 기운이 감도는 톤은 웜톤(Warm, Yellow Base Color)이라고 합니다. 반대로 순색에 파란색 물감이 섞인 듯해서 컬러에 시원하고 청량감이 도는 톤은 쿨톤(Cool, Blue Base Color)이라고 합니다.

예전에는 웜톤과 쿨톤의 구분을 중요시했지만, 최근에는 명도와 채도를 통한 톤을 더 중요시하는 추세입니다. 하지만 현장에서 진단을 해보면, 사람에 따라 웜쿨톤이 중요한 사람이 있고, 명도에 영향을 많이 받는 사람, 색의 선명도(채도)에 영향을 많이 받는 사람 등등 다양합니다. 제 경우는 웜톤, 쿨톤보다 채도에 영향을 많이 받는 타입이어서 옷을 구매할 때 아무리 디자인이 마음에 들어도 컬러가 어울리지 않으면 구입하지 않습니다. 그렇지 않은 옷은 얼굴을 죽이기 때문에 오래 입지 못하기 때문입니다. 패션의 완성은 얼굴이기 때문에 패션의 컬러와 디자인은 자신의 얼굴을 살리는 것이 자신에게 가장 잘 어울리는 것이라는 점을 꼭 명심하세요.

모든 사람은 각자 타고난 생김새가 다르듯이 피부톤도 마찬가지입니다. 보편적으로 피부색, 눈동자색, 머리카락색을 놓고 퍼스널 컬러가 정해지지만 요즘은 헤어 염색을 많이 하고 컬러 렌즈를 착용하며, 메이크업을 통해 피부의 베이스 자체를 변화시킬 수 있습니다. 따라서 자신이 타고난 컬러를 아는 것이 중요한 이유는 그것을 바탕으로 TPO에 맞는 컬러로 변신이 가능하기 때문입니다. 한 예로 연예인 이효리 씨는 웜톤의 가을톤이라고 하지만, 때로는 쿨톤의 여름톤으로도 변신이 가능합니다. 이것은 메이크업과 염색,

컬러렌즈 덕분입니다.

그렇다면 나를 더 돋보이게 하고 상황에 맞게 매력을 살릴 수 있는 컬러를 찾는 방법과 컬러 배색에 대해 알아보겠습니다.

1. 어울리는 컬러를 고르는 요령

옷을 구입하러 갈 때는 무채색으로 입는 것이 좋은데 이왕이면 블랙보다는 흰색이나 회색을 입는 것이 색을 판단하는 데 유리합니다. 마음에 드는 옷을 골랐다면 거울 앞에 서서 고른 옷을 확인하기 전에 현재 자신의 피부톤과 눈동자, 눈 밑 다크서클 정도, 볼 피부와 팔자주름, 턱 부위의 음영과 기미 등의 잡티 등을 관찰해보세요. 그다음 고른 옷을 얼굴 바로 아래에 가져다가 5초 이상 가만히 기다리세요. 그리고 옷을 갖다 대기 전의 피부나 눈빛 등의 요소들의 변화를 봅니다. 만약 잘 모르겠으면 다시 반복합니다. 그리고 얼굴의 변화를 보면서 옷을 받쳐보았을 때 피부톤이 건강하고 균일해 보이며, 잡티가 덜 드러나고, 눈빛이 더 빛나 보이고 얼굴라인이 또렷해지면 어울리는 컬러입니다.

반대로 어울리지 않는 컬러는 피부톤이 누렇게 아파 보이고 잡티가 더 짙어 보이게 합니다. 또 반대로 피부가 환해 보이는데 그것이 지나쳐서 창백해 보이고 눈빛이 약해 보이며 전체적인 이미지가 조화롭지 않고 편안해 보이지 않는 경우도 있습니다. 처음에는 구분이 쉽지 않지만 자주 하다보면 구분할 수 있는 안목이 생기기 때문에 자주 해보는 것이 중요합니다. 좋은 방법은 집에 있는 옷을 꺼내 큰 거울 앞에서 진단해보는 것입니다. 집에 있는 옷들 중에 어울리는 옷과 그렇지 않은 옷을 구분해보세요. 아마도 어울리지 않는 옷은 컬러에 대해 몰랐어도 자주 입지 않았을 것입니다. 얼굴이 돋보이지 않고 안색이 죽어 보이기 때문입니다.

2. 컬러 코디법 1 - Tone on Tone

톤온톤 배색은 비즈니스맨이나 정치인을 비롯해서 누구에게나 실패 확률이 낮은 안전한 배색법입니다. 톤온톤은 동일 색상으로 명도와 채도, 즉 톤의 변화만 다르게 해서 코디하는 방법을 말합니다. 이 배색은 안정감과 신뢰감을 주고 침착함과 고급스런 느낌을 주어 중요한 미팅이나 회의 때 좋은 배색법입니다. 그리고 보수적인 그룹의 직원이나 연령대가 높은 사람들에게 호감도가 높은 안전한 배색법입니다. 평소에 흥분을 잘하거나 인상 자체가 강하고 지나치게 역동적인 인상을 주는 사람들은 이 톤온톤 배색을 하면 침착함과 차분한 인상으로 보완을 할 수 있어 상황에 따라 잘 활용할 것을 추천드립니다.

3. 컬러 코디법 2 - Tone in Tone

톤인톤 배색은 톤온톤과 반대의 배합법을 말합니다. 톤온톤은 동일 색상에 다른 톤을 배색하는 것이고, 톤인톤은 동일한 톤에 다른 색상을 배색하는 것입니다. 톤인톤 배색은 밝고 적극적인 활동성을 느끼게 해주며, 젊고 생기 있는 이미지를 주는 경향이 있어 젊은 상대를 만나거나 TPO를 따져 보았을 때 다소 가볍고 밝은 분위기의 장소에 어울립니다. 그리고 성격적으로 평소에 소심하고 자신감이 부족하다고 생각되는 사람들에게 활동적이고 적극적인 사람으로 보이게 하는 효과가 있고, 건강함과 자신감, 생기를 부여해 주는 배색법입니다.

4. 컬러 코디법 3 - Achromatic Color

무채색 배색은 영원불변의 클래식 배색으로, 어떠한 상황에서도 통하는 배색입니다. 결혼식장과 장례식장에도 모두 통합니다. 무채색 배색은 특히 신뢰감과 안정감을 줘야 하는 비즈니스맨들에게 권합니다. 무채색에 네이비 정도를 섞어서 입는다면 어디에 가더라도 손색이 없는 코디법입니다. 단, 주의해야 할 점은 명암의 차이인 콘트라스트가 높은 것이 어울리는 경우 회색과 블랙을 코디하면 어울리지 않기 때문에 화이트를 기본으로 해서 블랙, 또는 회색이나 네이비를 배색하는 것이 가장 좋습니다. 평소에 저채도가 어울리는 사람은 화이트에 회색을 배색하는 것이 좋고, 고채도가 어울리는 사람은 화이트에 블랙이나 네이비를 배색하면 잘 어울립니다.

멋을 추구하는 노년,
뉴그레이 시대가 열리다

100세 시대를 맞이하여 시니어 세대의 영향력이 갈수록 커지고 있습니다. 그러한 사회적 분위기로 노년에도 젊음을 유지하고, 자신의 일을 갖고 건강하게 사는 라이프 스타일이 사람들의 큰 관심사가 되었습니다.

젊은 세대를 MZ세대라고 한다면, 시니어들을 가리켜 A세대라고 합니다. 광고회사 TBWA코리아에서는 A세대를 'Ageless(늙지 않는)' 'Accomplished(성취한)' 'Autonomous(자주적인)' 'Attractive in my own way(나의 방식대로 매력적인)' 'Alive(생동감 있는)' 'Admired(존경받는)' 'Advanced(진보한)'이라는 7가지 키워드로 표현하기도 했습니다.

보통 직장에서 퇴직한 이후의 삶은 생각보다 꽤 깁니다. 인생을

100세로 본다면 60세는 인생의 반을 조금 지나 경험이 풍부히 쌓이고 삶의 연륜이 생겨 자신의 분야에서도 큰 성과를 낼 수 있는 좋은 시기입니다. 100세가 넘은 김형석 교수는 아직도 매일 강의를 하시고 산책을 하며 글을 쓰십니다. 김형석 교수는 그의 저서《백년을 살아보니》에서 "인생의 최고 전성기는 60~75세"라고 말합니다. 그리고 책에서 한 일화를 예로 들면서 지금 나이가 얼마나 좋은 때인지를 강조합니다.

김형석 교수가 76세 때의 일입니다. 하루는 92세 된 선배교수를 모시고 돌아오는 길이었는데 이동하는 차 안에서 선배교수가 "김 교수 올해 연세가 몇이시더라?"하고 질문을 던지자 "네, 올해 일흔여섯입니다"라고 대답을 했습니다. 그러자 한참 있다가 그 선배교수가 "허! 참 좋은 나이올시다"라고 대답을 하는 것이었습니다. 김형석 교수는 그때 속으로 76세나 92세나 같이 늙은 나이라고 생각했는데 100세가 되어 돌아보니 76세라는 나이는 좋아도 너무 좋은 나이였다고 말합니다.

우리는 지금 내 나이가 얼마나 좋은 나이인지 느끼지 못하고 살 때가 많습니다. 그러나 더 매력적이고 멋진 A세대로 살아가기 위해서는 나이를 따지며 '나이답게' 살아야 한다는 고정관념을 버리고 진정한 '나다움'을 찾아야 할 시기입니다. 이 시기는 비로소 가족들을 부양하고 보호해야 한다는 짐을 벗고 진정으로 자신의 삶을 살 수 있는 때이기 때문입니다.

나이 든 시니어들을 세련되고 젊게 메이크오버해주는 것으로 유명해졌고, 지금은 시니어 모델과 인플루언서를 양성하는 아카데미를 운영하는 'The New Grey' 그룹이 있습니다. 세계적인 컨설팅 그룹 맥킨지에서 대한민국에서 광고를 하거나 마케팅을 하려면 'The new Grey'와 함께 하라고 조언할 정도로 'The New Grey'를 유명 그룹으로 만든 권정현 대표와 인터뷰를 한 적이 있습니다. 권정현 대표는 "브랜딩의 가장 기초는 자기 자신을 제대로 알고 자기만의 매력을 찾아 표현하는 것"이라고 말합니다.

그는 시니어 모델들을 모아 20대 못지않은 젊고 개성 있는 매력을 끌어내었고, 평균연령 65세인 〈아저씨즈〉를 결성해 20대들이 출범한 댄스동영상으로 SNS에서 1000만뷰를 달성하기도 했습니다.

그에게 시니어 세대가 보다 젊게 연출할 수 있는 방법이 무엇인지 질문하자 그는 다음과 같이 대답했습니다. "나이를 잊고 젊은이들과 소통할 줄 아는 자세가 필요합니다. 그리고 옷을 젊게 입으려면 젊은이들이 찾는 브랜드 매장을 가야 합니다. 아들과 함께 옷을 입을 수 있어야 진정으로 젊게 연출할 수 있습니다. 젊은이들이 입은 스타일을 흉내내보세요. 또 세련된 감각을 보여주려면 액세서리와 신발, 가방의 선택도 중요합니다."

100세 시대에 젊음을 유지하고 보다 젊게 보이는 것은 하나의 경쟁력이 되고 있습니다. 그러기 위해서는 젊은이들의 말을 경청하고 대화할 수 있는 마인드로 바꾸고, 젊은 세대의 스타일을 참고하고 연출하는 노력이 필요합니다.

나폴레옹이 제군들에게 "사람은 그가 입은 제복 그대로의 사람이 된다"고 말했듯이 외면을 어떻게 꾸미느냐에 따라 마음도 젊어집니다. 이제 어느 세대든 나이다움보다 '나다움'을 찾아야 할 때입니다.

비대면 시대, 화상미팅에서의 효과적인 자기표현법

코로나 19 팬데믹 현상으로 우리의 일상과 패러다임이 크게 변화하고 있는 가운데 비대면 시대가 본격적으로 시작되었습니다. 여기에 메타버스 시대가 열리며 이제는 비대면 소통과 온라인 미팅이 일상이 되어가고 있습니다. 비즈니스 현장에서도 채용 형태가 화상 면접 등 비대면 형태로 변화하고, 회의나 협상도 화상을 통해 진행되며, 계약도 온라인을 통해 이루어지고 있습니다. 또한 교육도 온라인을 통한 비대면이 더욱 활성화되고 있습니다. 그리고 방송 프로그램도 방청객과 관중 대신 ZOOM 형태로 대신하는 경우가 늘어나고 있습니다.

비대면 시대를 맞아 재택근무 등 편리성이 높아진 장점도 있지만, 부작용도 많은 것이 현실입니다. 젊은 세대들은 대면을 통한 상호작용보다 디지털상에서의 커뮤니케이션에 더 익숙하며, 메신저나 문자 소통에 익숙해 전화 통화를 기피하는 '콜포비아(call phobia; 통화 공포증, 전화로 불편을 느끼는 사람이 늘면서 생겨난 전화 통화 기피증)'라는 용어가 생길 정도로 대면에 대한 부담감이나 두려움을 느끼는 현상도 늘어나고 있습니다. 또한 만남의 횟수가 줄어들면서 고립감이나 외로움을 느끼거나 커뮤니케이션 부족으로 인한 인간관계의 오해와 갈등이 생길 수 있고, 사람들과의 관계를 이어나가고 해결하는 기술이 부족해질 수 있습니다.

또한 비대면 시대에는 오해가 발생할 확률이 높습니다. 직접 대면을 하면 상대방의 언어가 다소 부족하더라도 그 사람의 눈빛과 표정, 자세와 몸짓에서 진심을 읽을 수 있지만, 비대면은 온전히 청각적인 것과 작은 모니터로 보이는 모습에 의존하거나 문자에 의존해야 해서 세심한 부분까지 파악하는 것이 쉽지 않습니다. 그래서 비대면 시대에 오해 없이 자신의 의도와 감정을 표현하고 전달하는 능력을 향상시켜야 할 필요가 있습니다.

비대면 시대에 자신을 표현하는 방법은 크게 언어적인 이미지와 비언어적인 이미지로 나눌 수 있습니다. 우선 언어적인 이미지 관리 방법은 다음과 같습니다. 대면 시대에 비해 얼굴을 보는 횟수가 줄어들었기 때문에 언어적인 표현에 더 신경을 써야 합니다. '아 다르고 어 다르다'는 속담처럼 자칫 어감이나 말투에서 오해가 생기기 쉽고, 특히 전화기를 통해 전달되는 목소리는 실제 목소리보다 무겁고 딱딱하게 들리기 때문에 불친절하다는 오해를 받기 쉽습니다. 전화 통화 목소리에 오해가 생기는 일이 잦은 사람들은 평소 목소리보다 한 톤 정도 높이고, 좀 더 경쾌하고 친절한 느낌으로 통화하는 것이 오해를 줄일 수 있는 방법입니다. 또한 문자나 메일 등으로 소통할 경우에는 언어 선택이나 어투에 주의해야 하며, 한번 보내면 수정하기가 어렵기 때문에 말투나 단어 선택, 오타 등에 각별히 신경을 써야 합니다.

비언어적인 이미지 관리 방법에서 가장 중요한 것은 얼굴 이미지 관리입니다. 대면하는 상황이라면 오감을 통해 상대방의 이미지를 지각하지만, 화상으로 대면할 경우에는 얼굴이 가장 많이 보이므로 중요한 것이 표정 관리입니다. 인사를 하거나 반응을 표현할 때는 오프라인보다 좀 더 크게 표정을 짓고 제스처를 할 필요가 있습니다. 온라인상에서는 전달되는 강도가 오프라인에 비해서 많이 약하기 때문입니다. 말을 할 때는 입 모양을 조금 크게 하고, 천천히 또박또박 말하는 것이 전달력을 높입니다. 그리고 듣는 입장에서는 고개를 끄덕인다든지 경청하고 있다는 비언어 메시지를 표현하는 것이 매너입니다.

평소 거울을 보며 얼굴 표정근육을 다양하게 움직이면서 감정을 담아 표현하는 연습을 할 필요가 있습니다. 또한 제스처를 직접 해보면서 어떤 느낌이 드는지 연습을 하는 노력이 필요합니다.

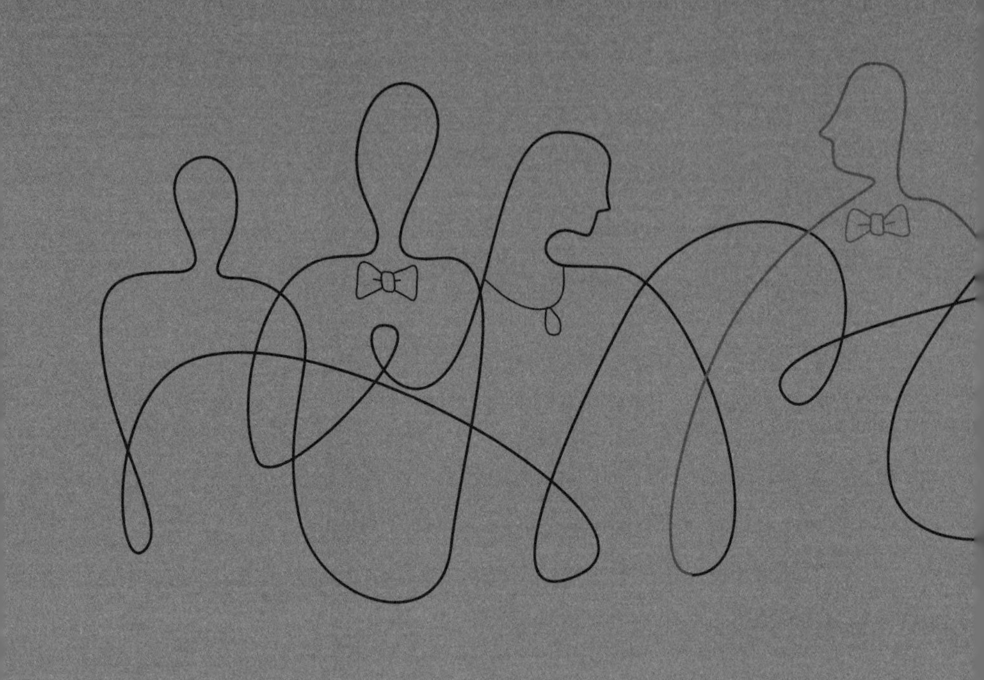

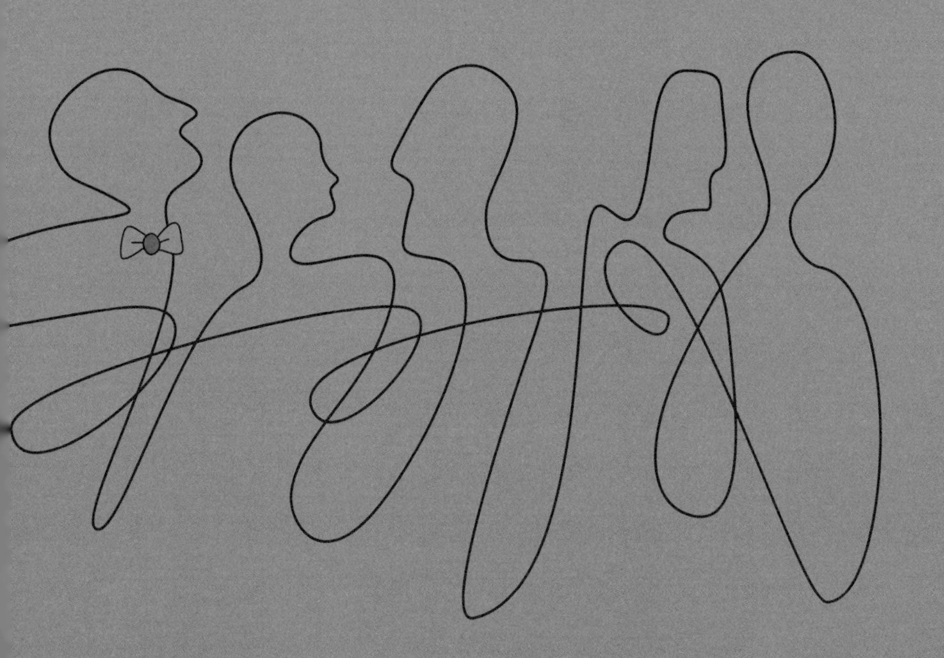

제4강

품격을 높이고 관계를 살리는 커뮤니케이션 매너

◆ 언상(커뮤니케이션 능력) TEST

다음의 질문을 잘 읽고, 귀하의 생각에 가까운 숫자 칸에 O표하고 점수를 합산해 주시기 바랍니다.

분류	질문 내용	전혀 그렇지 않다	거의 그렇지 않다	보통이다	그런 편이다	매우 그런 편이다
공감	나는 대화를 할 때 상대의 말에 공감을 잘 하는 편이다.	1	2	3	4	5
	말하고 있는 상대의 의도나 욕구가 무엇인지 생각하며 듣는다.	1	2	3	4	5
	내가 하는 말이 상대방의 감정에 어떤 영향을 미칠지 알고 배려한다.	1	2	3	4	5
경청	나는 상대방의 말을 집중해서 경청하는 편이다.	1	2	3	4	5
	나는 상대방의 말을 들으면서 반응을 잘 해주는 편이다.	1	2	3	4	5
	나는 내가 말하기보다 상대의 말을 더 많이 듣는 편이다,	1	2	3	4	5
	상대방의 말과 감정에 맞는 표정을 짓는 편이다.	1	2	3	4	5
비언어	나는 대화를 할 때 적절한 제스처를 사용하는 편이다.	1	2	3	4	5
	대화를 할 때 나의 자세는 상대방을 향해 살짝 기울이는 편이다.	1	2	3	4	5
	나는 상대의 눈을 바라보며 대화를 하는 편이다.	1	2	3	4	5
성상	나의 목소리는 듣기에 부드럽고 편안한 편이다.	1	2	3	4	5
	나의 말의 속도는 듣기에 부담 없이 적당한 편이다.	1	2	3	4	5
	내 말의 리듬은 고저장단이 적절해서 지루하지 않고 잘 들린다.	1	2	3	4	5
	나는 발음이 좋은 편이고 명확하게 의사전달을 잘하는 편이다.	1	2	3	4	5

스토리	나는 말하고자 하는 내용을 사례를 통해 쉽고 재미있게 표현한다.	1	2	3	4	5
	나는 드라마나 영화 등 이야기 소재를 많이 준비해놓는 편이다.	1	2	3	4	5
유머	나는 이야기를 할 때 비교적 재미있게 잘 표현하는 편이다.	1	2	3	4	5
	나는 유머감각이 좋은 편이다.	1	2	3	4	5
논리	보고나 알림 전달 시 간단명료하고 체계적인 짜임새로 말한다.	1	2	3	4	5
	나는 대화할 때 근거를 대면서 논리적으로 말하는 편이다.	1	2	3	4	5
합계						

달인형: 76점 이상

호감형: 60~75점

평균형: 45~59점

불안형: 44점 이하

1. 달인형

커뮤니케이션 능력이 탁월해 누구를 만나든지 호감과 신뢰를 줄 수 있는 유형이며, 자신의 의사를 잘 표현하므로 어떤 직업에서든 능력을 인정받을 가능성이 높습니다. 단, 만점에서 어떤 문항에서 실점을 했는지 취약점을 파악해 노력한다면 성공 가능성이 매우 높습니다.

2. 호감형

비교적 의사소통을 잘하는 편이어서 사회생활을 원만하게 하고 대인관계도 잘 쌓아갈 수 있는 타입입니다. 그러나 달인형이 되기 위해서는 어떤 점이 취약한지 분석해서 부족한 부분을 보완하려는 노력이 필요합니다. 그러면 소통의 달인이 될 수 있습니다.

3. 평균형

의사소통 능력이 보통인 수준이지만 불안정한 수준이어서 자신의 기분이나 컨디션에 따라 커뮤니케이션 능력이 다르게 표현되고 전달될 수 있습니다. 따라서 우등생과 달인형이 되기 위해서는 어떤 부분이 부족한지 분석해 커뮤니케이션 능력의 안정화를 위해 노력할 필요가 있습니다. 노력한다면 얼마든지 소통의 달인이 될 수 있습니다.

4. 불안형

사람과 대화하는 것이 부담스럽고 불안할 수 있습니다. 발표를 하거나 대중 앞에서 스피치를 할 때도 자신감이 부족해 보일 수 있습니다. 그러나 부족한 부분을 분석하고 단점을 보완하기 위해 노력한다면 얼마든지 소통의 달인으로 발전할 수 있습니다. 평소에 대화법과 발성법, 스피치 기법에 대한 강의나 책을 통해 연습과 훈련을 권합니다. 연습을 통해 충분히 개선이 가능합니다.

소통의 첫걸음은 올바른 자기표현

21세기에 들어서면서 HRD(Human Resource Development)에서는 핵심 가치를 '사람'에 두고 기업마다 유능한 인재를 등용하기 위해 다양한 방법을 적용하며 노력을 기울이고 있습니다. 더욱이 4차 산업혁명 시대에 들어서면서 개인의 역량보다 협업을 통한 새로운 가치를 창조하는 능력을 더욱 중요시하고 있습니다. 따라서 조직에서 원하는 인재상은 자신만의 독특한 색깔과 능력을 갖고 조직에 어울려 협업을 이끌어내는 융합형 인재입니다. 조직 전체가 활성화되기 위해서는 개인의 역량뿐만 아니라 소통과 조화가 그 무엇보다 중요하다는 의미이기도 합니다.

그러나 컨설팅을 하면서 많은 직장인을 만나보면 능력은 뛰어난데 인정받지 못하거나 적응하지 못하는 사람을 많이 보게 됩니다.

그 이유는 대부분 대인기술 부족이나 자기 표현 능력 부족입니다. 자기 표현력은 곧 대인기술과도 직결됩니다. 대인관계가 좋은 사람들은 자기 표현력도 좋은 편이며, 특히 성공하는 리더일수록 자기 표현력과 대인기술이 뛰어난 경우가 많습니다. 카네기는 "성공의 85%는 대인관계 능력이 결정한다"고 지적했습니다.

기업체에서 조직 활성화를 위한 이미지경영에 대해 강의를 할 때 '사화만사성(社和萬事成)'이라는 문구를 써놓고 강의합니다.

조직에 속한 사람들 간의 화합이 이루어지지 않으면 그 조직은 병이 들고 결국 무너지게 됩니다. 그것을 예방하고 치료하기 위해서는 서로 극단적인 자기표현을 절제하고 소통이 잘 이루어지도록 올바르게 표현하는 노력과 훈련이 필요합니다. 그러면 건강한 조직으로 회복할 수 있습니다.

대화가 전혀 통하지 않을 것처럼 보이는 사람도 노력을 통해 소통이 가능해집니다. 단, 소통에는 전제조건이 있습니다. 통하려면 반드시 상대방이 원하는 이미지로 표현해야 한다는 것입니다. 그래서 자신의 감정이나 의사를 표현하기 이전에 상대방과의 관계에 미칠 영향을 생각하고 적절하게 표현하는 능력을 기르는 것이 필요합니다. 그것이 대인관계를 원만하게 하고 조직을 활성화함과 동시에 행복한 일터를 만드는 최선의 방법입니다.

특히 디지털 전환 시대를 맞이하여 협업과 협력이 강조되면서 '소통'이 무엇보다 중요해지고 있습니다. 소통을 잘하기 위해서는 상대방에게 자신의 마음과 의도를 오해 없이 표현해야 하는데, 문제는 한국인들이 표현력이 많이 부족하다는 점입니다. 우리 사회는 겸손함을 미덕으로 여겨 솔직하게 자신을 표현하는 것을 오히려 경박한 행동으로 보기도 합니다. 또한 부득이하게 어떠한 표현을 해야 할 상황에서 표현을 하면 오해가 발생해 갈등으로 이어지는 경우도 많습니다. 그래서 최대한 오해를 줄이려면 자신의 진심과 의도를 상대방이 잘 이해하고 긍정적으로 받아들일 수 있도록 정확하게 표현할 수 있어야 합니다.

소통을 위한 커뮤니케이션 요소는 언어적, 비언어적 커뮤니케이션 수단으로 나뉩니다. 언어적 수단은 주로 이성적인 판단을 하는데 영향을 미치고, 비언어적 수단은 주로 감성적 판단에 더 많은 영향을 미칩니다. 우리는 이성과 감성을 지니고 있지만 어떤 대상을 보았을 때 느끼고 판단하는 과정은 이성보다 감성이 먼저 앞서고 크게 작용하는 것을 누구나 경험해보았을 것입니다. 결국 언어적인 커뮤니케이션 능력도 중요하지만 비언어적인 커뮤니케이션도 그에 못지않게 중요하며, 오히려 비언어적 수단이 더 많은 메시지를 전달하는 효과를 줄 수도 있습니다. 가정의 화목과 협력하는 직장 분위기를 위해서 자신의 의사를 올바르게 표현하는 능력은 반드시 필요합니다.

내가 하고 싶은 말보다
상대가 듣고 싶은 말을 먼저 생각하자

한번은 '커뮤니케이션'이라는 주제의 방송에 출연을 하게 되었습니다. 그때 남자 아나운서가 하루는 부부싸움을 했는데, 전혀 싸울 일도 아니었고 또 자기기 잘못한 것도 없는데 아내가 화를 내는 바람에 부부싸움이 되었다고 말했습니다. 내용을 들어보니 퇴근 시간 즈음에 아내가 전화를 걸어 "여보! 나 지금 몸이 아프니까 일찍 들어오세요"라고 말해서 자신은 "약 먹었어? 약 없으면 약 얼른 사 먹어"라고 대답했다고 합니다. 그런데 아내가 크게 화를 내서 결국 부부싸움으로 번졌다고 합니다.

그렇다면 아내분은 왜 "약 사 먹어"라는 말에 크게 화를 낸 것일까요? 여기서 남성과 여성의 뇌 구조 차이를 엿볼 수 있습니다. 남자는 결과 중심적이며 목표 지향적이고, 여자는 과정 중심적이고 관계 중심적인 사고를 갖고 있습니다. 그래서 서로 진심을 말했음에도 갈등이 유발된 것입니다. 갈등의 이유는 상대방이 듣고 싶은 말을 하지 못한 것에 있습니다. 아내가 전화를 한 이유는 약국에 가서 약을 사 먹을 수 없어서가 아니라 남편이 자신의 입장을 알아주고 위로받고 싶어 조금 일찍 왔으면 하는 마음에 전화를 한 거라고 추측됩니다. 그런데 정작 남편은 약을 사 먹으라고 하니 아내 입장에서는 섭섭한 마음이 들 수밖에 없습니다. 그렇다면 이때 남편은 어떻게 대답하는 것이 좋을까요? "많이 아퍼? 힘들겠다. 얼른 퇴근하고 갈 테니까 증세 구체적으로 말해봐요. 약 사서 갈게"라고 상대의 마음을 헤아리는 대답이 필요한 것입니다.

또 만약 남편이 술을 마시고 새벽에 들어왔을 때 아내는 어떻게 하는 것이 좋을까요? 사실 대부분의 아내는 이런 경우 잔소리를 퍼붓습니다. 그러면 다음 날 남편은 "집구석에만 오면 지겨운 잔소리를 해대네?"라고 오히려 화를 내고 홧김에 다시 술을 마시고 올지도 모릅니다. 하지만 남편이 듣고 싶은 말을 한다면 상황은 어떻게 바뀔까요? 늦게 들어온 남편에게 "여보! 요즘 일이 많이 바쁘죠? 오늘도 접대하느라 힘드셨겠어요. 이렇게 늦게까지 술을 마셨으니 당신 몸이 걱정이네요. 얼른 쉬세요"라고 하면 남편 입장에서는 자신의 고충을 이해해주고 건강을 염려해주는 아내가 고맙고 미안해서 그런 아내를 걱정하게 하거나 실망시키지 않으려고 더 노력할 것입니다.

인간관계를 망치는 말은 불평, 욕, 비판 등이 있지만, 바른말도 포함됩니다. 바른말을 하는 순간들을 떠올려보세요. 그때가 언제인가요? 바로 잔소리를 할 때입니다. 잔소리 치고 틀린 말이 거의 없습니다. 그런데 바른말은 잔소리입니다.

프로이트는 사람들의 말실수는 무의식에서 나오는 것이라고 말했습니다. 말실수는 은연중에 자신의 본심이 나오는 것이며, 평소에 자주 말실수를 한다면 그만큼 억눌려 있던 속마음이 자신도 모르게 튀어나오는 것이라고 설명했습니다. 이런 현상은 부모와 자식, 남편과 아내, 직장 상사와 직원 간의 관계에서 흔히 나타납니다. 실제로 오가는 말들을 분석해보면 상대방의 감정이 상하는 말 중에 논리적으로 맞는 말이 많습니다. 그래서 잔소리는 바른말이라고 하는 것입니다.

그렇다면 어떻게 말하는 것이 좋을까요? 그것은 상대방이 듣고 싶은 말이냐 아니냐에 달려 있습니다. 상대가 듣고 싶은 말인가 그렇지 않은가에 따라 감정의 차이가 나타나게 됩니다. 당장 지적할 일이 있다 해도 숨을 한 번 고르고 어떻게 표현하는 것이 상대방의 기분이 덜 상하면서 상대방이 잘못을 다시 하지 않도록 효과적으로 전달할 수 있을지 생각하고 말을 하는 연습이 필요합니다.

예를 들어 자식에게 잔소리를 하고 싶다면, 잠시 내 자식이 아니라 이웃집 아이라고 생각하는 것입니다. 남의 집 자식에게는 함부로 말하기가 쉽지 않을 것입니다. 부모의 최대 실수는 '내 자식'이라는 생각에서 비롯됩니다. 그래서 상대방의 마음을 이해하기보다는 내 감정이 먼저 앞서고 함부로 말하기 때문에 관계가 어긋나고 대화의 문이 막히는 것입니다.

학교 교육은 입시 위주이다보니 커뮤니케이션에 대해 전문적으로 배울 기회가 없습니다. 그래서 우리는 상대의 말을 충분히 듣고 어떻게 이야기하는 것이 좋은지 배울 기회가 부족합니다. 또한 우리는 정답을 찾는 일에 익숙해져 있어서 대화를 할 때도 그 말이 맞는 말인가 틀린 말인가를 먼저 따지게 됩니다. 그러나 바른말은 대부분 잔소리입니다. 그러니 다음과 같이 하나만 명심하면 됩니다. '내가 하려는 말이 상대방의 기분을 좋게 하는 말인가? 아닌가?' 만약 분명 바른말임에도 상대방의 기분이 상할 말이라면 그 말은 분명 잔소리입니다.

물론 때에 따라서는 상대방이 듣고 싶은 말이 아닐지라도 꼭 해야 하는 상황이 있을 수 있습니다. 그러나 그런 경우를 제외하고 일상에서는 상대방의 기분을 상하지 않게 하면서 상대가 어떤 말을 듣고 싶을지 먼저 생각하는 태도가 필요합니다.

《데일 카네기의 인간관계론》에서도 바른말은 벌통을 차는 일과 같다고 말합니다. 좋은 관계를 위해 하고 싶은 말보다 듣고 싶은 말이 무엇인지 먼저 생각한다면 인간관계를 위해 크게 도움이 될 것입니다.

불통의 아이콘, 꼰대

꼰대는 노인, 기성세대, 선생님을 뜻하는 은어입니다. 그러나 요즘은 나이를 떠나서 권위주의적인 사고방식을 가진 사람을 비하할 때 쓰는 단어가 되었습니다. 100세가 넘으신 김형석 교수를 '꼰대'로 보는 사람은 없습니다. 결국 꼰대인지 아닌지는 사고와 태도, 언행으로 결정됩니다.

MZ세대의 젊은 CEO들을 만나서 인터뷰를 하는 도중 어떤 사람이 꼰대라고 생각하느냐는 질문을 던져보았습니다. 그들의 대답을 통해 꼰대의 특징을 정리해보면 다음과 같습니다.

- **안 듣는다.**

  듣기보다는 하고 싶은 말을 합니다.

- **일단 말을 시작하면 멈추지 않고 했던 말을 반복한다.**

상대가 듣는지는 중요하지 않습니다. 마치 한을 풀듯이 일장 연설을 길게 합니다. 그것도 모자라 했던 말을 반복합니다.

- **예의를 따진다.**

상대가 예의를 차려야 해서 에너지 소모가 많아 대화를 나누고 싶지 않다고 합니다.

- **약점을 노출하는 것을 꺼린다.**

자신의 약점을 드러내는 것을 매우 두려워합니다. 그래서 왕년에 잘나갔다는 식의 말로 포장하면서 자존심을 내세우려 합니다.

- **행동보다 말이 앞선다.**

말로는 다 해줄 듯이 하는데, 행동은 전혀 없습니다. 또는 증거나 행동의 결과물 없이 주장하거나 지시만 합니다. 가령 성실해야 한다고 강조하면서 정작 본인은 그렇지 않은 경우 꼰대로 보인다고 합니다.

- **유머감각은 전혀 찾아볼 수 없다.**

진지하고 심각한 얘기만 합니다. 그래서 마치 훈계나 강의를 하는 것처럼 들립니다. 어쩌다 아재 개그를 하면 분위기가 오히려 더 썰렁해집니다. 전체적인 인상이 어둡고 딱딱해서 무섭게 느껴집니다.

- **새로운 것에 도전하지 않는다.**

자신의 방식이 옳다고 믿고 끝까지 밀어붙입니다. 새로운 것에 도전하기를 매우 싫어하며 그것을 비하합니다.

- **옷이나 외모 관리는 나이에 맞게 해야 한다고 주장한다.**

  나이보다 어려 보이게 연출하는 것을 주책이라고 비하하면서 점잖지 못하다고 평가합니다. 표정에도 언제나 무게감이 있습니다.

'꼰대'는 젊은 세대가 만든 단어입니다. 남의 말을 들으려 하지 않는 모습, 또는 젊은 세대이지만 나이 많은 사람처럼 말하고 행동하는 모습을 빗대어 한 말입니다. 결국 소통이 되지 않는 '불통'의 모습에 붙여진 이름입니다. 독자 여러분도 얼마나 잘 소통하고 있는지 소통능력과 태도를 다음 페이지에서 체크해보세요. 이 진단은 O가 몇 개인지 보고, 또 어떤 항목에 체크를 했는지 살펴보면 꼰대가 되지 않고 상대방과 소통을 잘 하기 위한 지침이 될 것입니다.

◆ 꼰대 자가진단

번호	행동 유형	O	X
1	상대방의 말을 듣기보다 말을 많이 해주는 편이다		
2	나이를 물어보고 나보다 젊으면 친근하게 말을 놓는다		
3	도움이 되라고 옛날에 했던 경험을 토대로 조언해준다		
4	상대방의 단점이 보이면 고칠 수 있도록 지적해준다		
5	인사를 하지 않거나 예의를 지키지 않으면 화가 난다		
6	웃으면 가볍게 보이기 때문에 과묵한 표정을 짓는다		
7	새로운 것에 도전하는 것이 귀찮기도 하고 그럴 필요가 없다		
8	고생도 젊었을 때 해봐야 한다고 생각한다		
9	스마트폰 기능이 너무 많고 복잡해서 어렵다		
10	요즘 세대들의 말과 행동이 이해가 되지 않아 세대차이를 느낀다		
11	회의나 대화를 할 때 거의 내 의견이 맞다고 생각한다		
12	유행하는 옷이나 헤어스타일이 있다 해도 내 스타일을 고집한다		
13	식당에서 후배가 먼저 수저를 세팅하지 않으면 불편하다		
14	내가 말한 의견에 반론을 제기하면 화가 난다		
15	나도 모르게 했던 말을 자주 반복해서 말하게 된다		

O가 0~3개: 호감 가는 사람

O가 4~7개: 꼰대 초기

O가 8~11개: 꼰대 중기

O가 12~15개: 꼰대 말기

화려한 언변을 이기는 진정성

장 크레티앵은 캐나다의 제20대 총리입니다. 그는 1997년과 2000년 총선에서도 승리해 세 번 연속 총리를 연임하고, 2003년 스스로 총리직에서 물러나 정계를 은퇴한 뒤 다시 변호사로 돌아가 상담자로 활동 중입니다.

그는 정치인으로서 치명적인 결점을 가지고 있는데 한쪽 얼굴에 안면마비 증세가 있습니다. 말하는 것도 어눌해서 어릴 때부터 놀림의 대상이었습니다. 하지만 그는 좌절하지 않고 사람들 앞에서 언제나 당당했으며, 정치인이 되고자 하는 도전을 멈추지 않았습니다. 그는 결국 29세의 나이에 국회의원에 당선되었습니다.

장애가 있는 그의 정치인으로서의 길은 결코 순탄하지 않았습니다. 1993년 총리 선거에 출마한 그를 향해 반대 후보 측은 "이게 총

리의 얼굴입니까?"라고 인신공격을 하기도 했습니다. 유권자들을 만나는 유세 현장에서 자신을 향한 인신공격에 그는 이런 연설로 대응했습니다.

"신은 저에게 태어날 때부터 육체적 결함을 주었습니다. 저는 많은 놀림을 받았지만, 신은 제게 다른 소중한 가치를 주었고, 저는 그것에 감사했습니다."

그때 누군가가 그를 향해 소리쳤습니다.

"하지만 한 나라를 대표하는 총리가 언어장애를 갖고 있다니 말도 안 됩니다!"

그러자 장 크레티앵은 느리지만 단호하게 다음과 같이 말했습니다.

"맞습니다. 저는 말을 잘하지 못합니다. 하지만 거짓말은 하지 않습니다."

자신의 단점을 솔직히 시인한 그에게 국민은 감동했고 마침내 그는 총리에 당선되었습니다. 그리고 2003년 퇴임 때까지 그는 사람들의 존경을 한 몸에 받았습니다.

다른 국가의 대표들과 달리 장애를 갖고 있었지만 진정성이라는 신념으로 3번 연속 국민의 신임을 받아 캐나다의 총리가 된 장 크레티앵을 통해 중요한 한 가지를 배울 수 있습니다. 언상이 좋다는 것은 화술이 능하고 뛰어나다는 것이 아닙니다. 언상의 가장 중요한 조건은 바로 진정성입니다. 진심과 신뢰가 담긴 말은 그 어떤 말보다 사람들에게 통하게 마련입니다.

설득을 잘하기 위해 갖추어야 할 세 가지 조건

아리스토텔레스는 "인간은 사회적 동물이다"라고 말했습니다. 인간은 혼자서는 살 수 없고 끊임없이 사회 속에서 많은 사람과의 관계 속에서 존재한다는 것입니다. 그러기 위해서는 상황에 맞는 소통 능력이 필요하고 나에게 도움을 줄 수 있는 아군을 만들어야 합니다. 그것을 위해 필요한 것이 바로 '설득'입니다.

사람을 설득하고 호소력 있게 표현하는 언어기법을 연구하는 학문이 수사학입니다. 수사학은 아리스토텔레스 이후 발달하기 시작했고, 말과 글의 설득력을 높이기 위해 아름답게 꾸미는 데 그 의의가 있었습니다. 예전에는 꾸미는 데 의미를 두었던 수사학이 현대 사회에서는 정확한 전달과 설득을 위한 커뮤니케이션에 더 의미를 두고 있습니다.

아리스토텔레스는 설득을 이야기하며 수사학에서 세 가지를 강조했습니다. 하나는 말하는 사람(화자)의 인품(이미지, 인성, 태도)과 관련된 것, 즉 에토스이고, 두 번째는 청중의 심리 상태를 헤아리는 감성(상대방 이해, 공감, 배려)으로 파토스이며, 세 번째는 설득하고 주장하고자 하는 것을 증명하는 이성으로 로고스(논리, 근거)가 그것입니다. 그러므로 논리적으로 설득하려고만 하면 안 되고 자신이 어떤 사람인지 보여주고, 청자의 입장과 심리를 사전에 파악하고 고려해야 한다고 강조했습니다.

아무리 말을 잘하는 달변가라 할지라도 인격이 형편없다면 사람들은 그의 말을 신뢰하지 않습니다. 우리는 윤리적으로 신뢰를 잃어버린 정치, 경제 분야의 리더들이 대중에게 외면당하는 모습을 뉴스를 통해 흔히 보게 됩니다. 에토스가 윤리학의 어원이 된 이유가 여기에 있습니다. 능력보다 윤리적인 인성과 품격, 즉 에토스가 바탕이 되어야 대중을 설득하고 뜻을 펼칠 수 있는 것입니다.

파토스는 감성적인 부분으로 청중의 심리와 욕구(Needs)를 파악해 그 감성에 문을 두드리는 것입니다. 그것은 공감과 감동으로 이어지고, 감동하면 설득으로 이어집니다. "지성은 이류, 정서지능은 일류"라고 평가받던 프랭클린 루스벨트가 미국에서 존경받는 대통령에서 빠지지 않는 이유는 친근감으로 무장한 그의 감성 능력 덕분이라고 전문가들은 분석합니다. 오바마 역시 에토스와 파토스가 뛰어나서 대중에게 감동을 주는 연설로 유명합니다. 그는 연설 무대에서 진정성 있고 겸손한 자세로 최고의 에토스와 파토스를 보여주었습니다. 그리고 청중이 진정으로 원하는 것이 무엇인지를 분석해 그들의 욕구를 만족시켜주는 스토리텔링으로 대중의 마음을 사로잡았습니다.

논리적이고 과학적인 이성으로 설득하는 로고스는 객관적인 사실이나 이론에 바탕을 두는 것입니다. 에토스와 파토스가 중요하지만 이성적인 논리가 없으면 설득하기 어렵습니다. 그러나 아리스토텔레스는 로고스가 파토스를 이기기 어렵다고 지적했습니다. 사람들은 사실이나 이론보다 믿고 싶어하는 사실이나 사람을 더 믿기 때문입니다.

전문가들은 가장 설득력을 높이는 세 가지 요소의 비율을 에토스 60%, 파토스 30%, 로고스 10%라고 말합니다. 마틴 루터 킹의 "나는 꿈이 있습니다"라는 연설을 최고의 명연설로 꼽을 수 있는데, 그 이유는 에토스, 파토스, 로고스의 균형을 가장 잘 갖추고 있기 때문입니다.

설득력을 높이려면 인품과 신뢰를 먼저 갖추고 듣는 사람의 심리와 정서를 생각하면서 표현하는 데 노력을 기울여야 합니다. 말에 로고스, 즉 논리성도 들어 있어야 하지만 그것만으로는 부족하고 에토스와 파토스가 어우러져야 합니다. 인간은 이성보다 감성이 더 강하기 때문입니다.

칭찬을 효과적으로 하는 법

한 연구 결과에 의하면, 성공한 사람들의 말을 분석했더니 반 이상이 다른 사람들을 칭찬해주는 내용이었다고 합니다. 이를 통해 성공한 사람들은 상대방을 칭찬하는 말을 많이 함으로써 좋은 인간관계를 유지하고 그것이 곧 성공으로 이어짐을 알 수 있습니다.

칭찬이 상대방의 기분을 좋게 해주고 자기 자신도 기쁜 일임에도 자주 하지 않으면 뜻대로 잘 표현되지 않습니다. 그리고 사람들의 심리 현상 중 하나는 상대방을 칭찬하면 자신이 상대방에 비해 낮아지는 듯한 기분을 느끼는 것입니다. 괴테는 "남을 칭찬하는 것은 자신이 낮아지는 것이 아니라 자신을 상대방과 같은 위치로 끌어올리는 것이다"라고 말했습니다. 칭찬은 나의 격을 높이는 일이라는 의미입니다. 또한 칭찬은 진정한 겸손의 태도이자 자신감의 표현이기도 합니다. 자신감이 없으면 다른 사람을 칭찬하기도 어렵기 때문입니다. 그러나 칭찬이 그 자체로 좋은 것이라 해도 제대로 표현하는 것이 더 중요합니다. 그럼, 어떻게 하는 것이 효과적인 칭찬법인지 그 방법에 대해 알아보겠습니다.

1. 즉시 칭찬하자.

칭찬할 일이 보이면 즉시 칭찬하는 것이 좋습니다. 시간을 놓치면 나중에 그 부분을 칭찬하더라도 상대방에게 달갑지 않게 느껴지거나 마지못해 하는 인상을 줄 수도 있기에 타이밍이 중요합니다.

2. 한두 번만 칭찬하자.

아무리 좋은 말도 자주 들으면 지겹게 들리고 빈말처럼 들립니다. 그러므로 아무리 상대방을 칭찬하고 싶어도 한두 번만 칭찬하고 끝내야 칭찬의 가치가 높아집니다.

3. 칭찬할 만한 내용을 구체적으로 하자.

예를 들면 "너는 참 성격이 좋아"라고 칭찬을 하기보다 "너는 내가 힘들 때마다 내게 관심을 가져주고 배려해줘서 참 좋더라"라고 구체적으로 칭찬하는 것이 좋습니다. 외모에 대해서 칭찬할 때도 "참 예쁘다"보다는 "눈과 웃는 모습이 참 예쁘다"라고 하는 것이 신뢰감이 가는 칭찬의 방법입니다.

4. 칭찬을 많은 사람 앞에서 하자.

"칭찬은 많은 사람 앞에서, 충고는 둘이 있을 때"라는 말이 있습니다. 사람의 욕구 중에는 많은 사람에게 인정받고 싶은 욕구가 있습니다. 그래서 다른 사람들이 있을 때 칭찬하면 그 기쁨이 배가 됩니다. 그러나 칭찬은 타이밍도 중요하기 때문에 그것은 타이밍이 맞았을 때에 한해서이고, 만약 둘이 있을 때만 칭찬을 했다면 나중에 제3자를 통해서 상대방의 귀에 들어갈 수 있도록 다른 사람들에게도 그 사람의 장점을 칭찬하는 것도 좋은 방법입니다. 상대방의 좋은 점을 다른 이들에게 칭찬하는 것은 그 자체로 조직의 화합을 위해서 매우 좋은 일입니다.

5. 결과 < 노력 과정, 외모 < 행동 < 인품, 재능 < 의지에 대해 칭찬하자.

예를 들어 아이를 칭찬할 때는 성적에 대해 칭찬하기보다 노력한 과정에 대해 칭찬해보세요. 또 상대방의 외모에 대한 칭찬보다는 그 사람의 행동이나 인품에 대한 칭찬이 더 수준이 높은 칭찬입니다. 타고난 재능이 뛰어나다고 칭찬하기보다는 그것을 해내는 노력과 의지가 대단하다고 칭찬하는 것이 더 기분 좋은 칭찬이 됩니다.

상대의 마음을 얻는 공감과 경청 스킬

그 사람이 어떤 사람인지 알고자 한다면, 말을 해보면 됩니다. 물론 화술이 좋은 사람도 많아서 섣불리 그 사람을 판단할 수 없지만 그 사람의 태도를 보면 더욱 잘 알 수 있습니다. 특히 상대방의 말에 귀를 기울이며 공감해주느냐 아니냐에 따라 그 사람의 인품을 가늠해볼 수 있습니다.

EBS에서 방송된 대구교육정보원의 조사 결과에 따르면, 현대사회의 젊은 인재의 조건 중 1위가 '공감 능력'입니다. 공감 능력은 커뮤니케이션의 밑바탕이 되며, 인간관계의 기본입니다. 이러한 공감 능력은 경청에서 시작됩니다.

예전에 '물음표를 붙여주세요!'라는 한 공익광고가 있었습니다. 사람이 가장 힘들 때 누군가가 그가 하소연한 말에 물음표만 붙이거나 그대로 말해주기만 해도 위안을 얻는다는 내용입니다. 예를 들어 "지금 너무 바빠서 힘들어요"라고 상대방이 말한다면 "지금 너무 바빠서 힘들군요"라고 대응해주는 것입니다.

삼성가 고 이병철 회장은 '경청(傾聽)'이라는 글을 써서 이건희 부회장에게 직접 건넸습니다. '내 생각을 말하기 전에 남의 말을 먼저 들으라'는 뜻의 경청은 이 회장의 삶의 지표였습니다. '경청'이 담긴 액자는 이건희 전 삼성전자 회장, 이재용 삼성전자 회장을 거치며 삼성가의 가훈으로 자리 잡았습니다.

이병철 회장은 기업 경영에서도 경청을 강조했고, 특히 전문가의 의견을 존중했습니다. 문제가 생기면 그 분야의 전문가를 초빙해 의견을 듣고 해결방안을 찾았습니다. 현장에서 제품을 생산하는 기술자들도 수시로 회장실로 불렀습니다. 현장의 의견이 어떤 것인지 듣고 이해하기 위해서였습니다. 주변 사람의 이야기를 진지하게 듣고 판단하는 모습은 아들에게 큰 영향을 주었습니다.

이건희 전 삼성전자 회장은 직접 나서서 지시하기보다는 큰 그림을 그려놓고 귀 기울여 듣는 것을 좋아했습니다. 이건희 회장의 언론에 노출되었을 때의 모습을 보면 말을 많이 하는 경우가 거의 없습니다. 핵심적인 말만 몇 마디 할 때가 많고, 회의 때도 직원에게 얘기하라고 한 다음 '왜'를 반복해서 묻고 또 물었습니다.

경청은 크게 공감적 경청과 맥락적 경청으로 나눌 수 있습니다. 공감적 경청은 앞에서 언급한 것처럼 상대방의 말과 감정을 들어주고 그대로 말해주는 것입니다. 그것을 '물음표 경청법' 또는 '앵무새 경청법'이라고 합니다. 상대방이 "우울해요!"라고 하면 "우울해요?"라고 맞장구 쳐주면서 공감해주는 것입니다.

이것은 부모가 자식에게 자주 활용하면 좋습니다. 예를 들면 아이가 "오늘 학교 가기 싫어요!"라고 하면 대부분의 부모는 "왜?" 또는 "뭐라고? 너 미쳤어?"라고 반응하는 경우가 많습니다. 이럴 때는 "학교 가기 싫어?"라고 응대해주고 학교에 가기 싫어하는 아이의 마음을 위로해주고 해결방안을 찾는 것이 좋습니다.

맥락적 경청은 상대방이 직접적으로 말을 하진 않았지만, 그 사람이 듣고 싶어 하는 의도를 알아차리고 알맞게 대응하는 것입니다. 맥락적 경청을 잘하면 상대방에게 감동을 줄 수 있습니다. 고객과의 접점에서도 고객의 마음을 사전에 파악하고 원하는 것을 말하기 전에 해결해준다면 고객은 감동하게 됩니다.

경청은 그 사람의 입장이 되어 들어주는 태도입니다. 경청이 어려운 이유는 모든 사람은 본능적으로 자기 자신에게 관심이 더 크기 때문에 상대방의 입장이 되어서 말을 들어준다는 것이 쉽지만은 않기 때문입니다. 그러나 상대방에게 관심을 가지고 그 마음을 들여다보는 연습이 습관과 태도를 만듭니다.

합격을 부르는 자기소개서 작성과 면접 스피치 전략

취업을 위해 지원하는 모든 과정은 자신의 장점을 어필해 기업이나 기관이 원하는 인재상의 인상을 주는 것이 목적입니다. 그러나 경쟁률이 매우 치열해 우수한 지원자가 많이 몰리면 기업이나 기관 측에서는 결국 조직과 어울리는 지원자의 장점을 찾기보다는 자격 미달인 지원자를 우선 선별해내면서 지원자의 범위를 좁혀나가게 됩니다. 따라서 서류전형과 면접과정에서 중요한 점은 좋은 점수를 얻으려고 노력하는 것을 기본으로 하되 실점하지 않도록 세심하게 관리하는 것이 매우 중요합니다. 또한 자신의 장점을 다른 경쟁자들에 비해 '얼마나 차별화된 경쟁력으로 어필할 것인가?'는 합격을 위한 셀프 브랜딩의 핵심전략입니다.

그렇다면 서류전형의 핵심인 자기소개서 작성과 면접의 핵심인 면접 스피치는 어떻게 하는 것이 합격의 확률을 높일 수 있을까요? 현실적으로 도움이 될 만한 팁들을 설명해보겠습니다.

1. 원하는 인재임을 한눈에 보여주는 자기소개서 쓰기.

자기소개서는 대개 조직에서 미리 질문을 주는 경우가 많습니다. 자기소개 000자 이내, 지원동기 000자 이내, 남들과 차별화되는 능력이나 성격적 장점 000자 이내, 입사한다면 어떤 인재가 되고 싶은가? 000자 이내 등등입니다. 또 최근 트렌드나 이슈를 주제로 자신의 의견을 000자 이내로 제시하라고 하는 기업도 있습니다.

여기에서 중요한 점은 자신의 장점과 특성을 정확하게 제시하는 것입니다.

자기소개 내용을 작성할 때는 지원사의 인재상과 연결해 자신의 꿈, 적성, 성격, 가치관을 보여주어야 합니다. 어디에서 태어났고 가족 상황이 어떤지는 불필요한 사족이므로 적지 않는 것이 좋습니다. 다만 자신의 장점을 어필하고자 할 때 필요하면 간단히 연결하는 것이 좋습니다. 예를 들어 커뮤니케이션 능력이나 인간관계 능력이 원만한 것을 장점으로 어필하고 싶다면 대가족이나 화목한 가정 분위기, 혹은 동아리 활동이나 학교 임원활동을 하면서 그런 능력을 키우게 되었다는 자신의 경험과 근거를 제시하면서 자신을 소개하는 것이 좋습니다.

성격의 단점을 작성할 때 주의사항은 심각한 단점은 피하고 장점

같은 단점으로 서술해야 합니다. 예를 들면 '사람들에게 관심이 많고 오지랖이 넓어 늘 피곤한 게 단점이다'라고 언급하는 것입니다. 사람들에게 관심이 많고 주위 사람들에게 먼저 다가서고 베푸는 것이 단점이 될 수도 있지만, 조직에서는 장점으로 작용할 수 있기 때문입니다.

자신의 성격이나 능력의 장점은 지원사의 업무 내용과 연관지어 성격이나 능력이 업무에 도움이 될 만한 장점임을 보여줍니다. 또한 추상적으로 전개하면 신빙성이 부족해 보이므로 실제 경험이나 사건 등을 바탕으로 자신의 성격적 장점과 능력을 서술하는 것이 좋습니다. 예를 들면 '나는 끈기왕입니다. 대학시절 아르바이트를 할 때 대부분 얼마 못 버티고 자주 바뀌는 곳이었는데 저는 2년 이상 근무해서 최초로 퇴직금을 받은 아르바이트생으로 기록을 남겼습니다'와 같은 경험과 근거를 제시하는 것이 신뢰를 줍니다.

또 긍정적이고 매력적인 단어를 사용합니다. 자신의 장점과 캐릭터를 잘 표현하되 신선하고 긍정적인 단어를 찾아서 강한 인상을 남기는 것이 좋습니다. 예를 들어 '끈기 있는 돈키호테'로 자신을 표현했을 때 돈키호테를 사자성어로 해서 자신의 장점을 언급해도 되고, 돈키호테의 장점을 설명하면서 자신의 장점을 어필하는 것입니다.

'회사에 입사한다면 어떤 인재로 남고 싶은가'에 대해서 작성할 때는 지원사가 추구하는 방향과 경영철학을 참고하고 자신의 성격과 꿈을 연결해 서술합니다. 지나치게 자신의 특성과 다르게 작성하면 마치 남의 옷을 입은 것처럼 티가 나므로 자신의 장점과 능력을 일관되게 서술하고, 각 문항별로 색다른 경험과 근거를 제시하는 것이 진정성 있고 신뢰감을 높이는 자기소개서 작성법입니다.

반드시 명심해야 할 것은 추상적인 설명과 서술은 삼가야 합니다. 실제의 경험과 자신을 잘 보여주는 스토리텔링이 자기소개서에 녹아 있어야 합니다.

2. 면접관을 사로잡는 면접 스피치 전략.

면접에서 말은 지원자의 성향과 인성, 사고와 자신감. 잠재력을 파악하는 데 가장 확실한 평가 요소입니다. 특히 요즘의 면접 질문들은 정답을 요구하지 않는, 소위 정답이 없는 질문을 던져서 지원자의 순발력과 문제해결 능력 및 태도를 파악하려는 의도가 강합니다. 또한 자기소개서 내용을 바탕으로 질문을 받을 확률이 높기 때문에 자기소개서 내용 중에 예상 질문지를 만드는 준비도 필요합니다. 거기에 지원사에 대한 내용을 더하면 좋습니다.

그래서 지원자는 사전에 다양한 예상질문을 통해 유연한 사고를 기르고, 센스 있게 대답하는 연습을 하는 것이 면접에 큰 도움이 됩니다. 리허설을 할 때 좋은 방법은 동영상을 촬영하는 것입니다. 혼자 또는 소그룹으로 스터디를 구성해서 리허설을 하면서 동영상을 촬영해 자신을 제3자의 눈으로 보면 스스로를 객관적으로 볼 수 있고 어느 부분을 수정 보완해야 할지 알 수 있습니다.

면접까지 간 지원자들은 실력 차이가 많이 나지 않습니다. 그래서 면접에서는 최대한 단점을 커버해 실점하지 않도록 주의를 기울이는 것이 중요합니다. 또한 서너 명이 함께 들어가는 면접의 경우 다른 면접자와 차별화되는 단어 선택과 명료한 스피치 능력을 보여줄 수 있도록 사전에 연습과 노력이 필요합니다.

사실 면접 스피치에 정답이 있는 것은 아니지만 몇 가지 진리는 존재합니다. 그것은 일 잘하는 사람이라는 능력을 보여주는 것도 필요하지만 그보다 더 중요한 것은 함께 일하고 싶은 사람의 이미지를 심어주는 것입니다. 면접관에게 기분 좋은 인상을 심어주면서 능력적인 면은 현재 베스트가 아니어도 잠재력과 가능성이 있음을 보여주면 됩니다. 그리고 더욱 중요한 것은 기분 좋은 인상을 심어주는 것입니다. 그것은 비언어적인 측면에서 밝은 표정 등으로 친근한 인상을 주는 것도 있지만, 스피치에서도 따뜻한 목소리와 긍정적인 단어 사용, 기발한 재치 등을 보여준다면 높은 점수를 얻을 수 있습니다. 이를 위해 평소에 관련 책이나 방송 프로그램 등을 통해 조금씩 익히고 감각을 쌓아가는 훈련이 필요합니다.

면접 스피치는 명확하게 잘 들릴 수 있도록 발음을 제대로 내는 것이 신뢰감을 높입니다. 발음을 명확하게 내려면 자음과 모음의 발음을 정확하게 내는 것이 필요한데 특히 모음의 음가를 정확하게 내는 것이 중요합니다. '가, 갸, 거, 겨, 고, 교, 구, 규, 그, 기... 나, 냐,

너 녀…'를 큰 소리로 천천히 연습하는 것도 도움이 되고, 책이나 신문사설을 천천히 소리내어 읽는 것도 좋습니다. 혀 운동과 입술 운동을 하면서 조음기관의 근육을 부드럽게 풀어주면 도움이 됩니다.

적절한 속도는 여유와 자신감, 침착한 성격 등을 보여줍니다. 너무 빠르면 조급하고 경박해 보이고, 지나치게 느리면 답답하고 둔한 인상을 줍니다. 보통 1분에 270자 전후 정도면 적당합니다. 단, 맥락상 의미가 변하는 부분이나 마침표 다음에 포즈(Pause)를 주는 것이 듣는 사람에게 안정감을 줍니다.

난처한 질문이나 모르는 질문을 받았을 때는 솔직하게 모른다고 대답해야 합니다. 단, 태도가 중요합니다. "죄송합니다만, 제게 주신 질문은 제가 미처 생각하고 배우지 못한 내용이어서 잘 모르겠습니다. 이렇게 질문을 하실 정도면 매우 중요한 내용일 거라 생각되어 이 시간 이후에 바로 알아보고 숙지하겠습니다"라고 인정하면서도 노력하겠다는 자세를 보여주는 것이 좋습니다. 조직이 매우 보수적인 곳이라면 위험하지만, 창의력을 발휘하고 개방적인 조직이라면 모르는 질문에 대해 앞의 내용처럼 말을 하고 오히려 역으로 질문을 던져도 좋습니다. 단, 이것은 사전에 지원사의 면접 분위기와 사례를 잘 살펴본 뒤에 상황에 따라 해야 합니다.

질문을 받으면 1~2초 정도의 시간을 가지고 하고자 하는 말을 정리합니다. 자신 있는 질문이 나왔을 때는 1초 정도 후에 바로 대답하면 됩니다. 지나치게 간격을 두고 대답하는 것은 오히려 역효과입니다. 1~2초, 길어야 3초 정도가 좋습니다.

"회사가 지원자를 왜 뽑아야 하는가"?라는 질문에 추상적인 자기 자랑을 하면 신뢰를 얻지 못합니다. 구체적으로 자신의 비전과 능력을 회사에서 필요한 인재상과 연결해 자기만의 독특한 캐릭터로 표현하는 대답이 필요합니다. 그래서 사전에 자신의 능력과 개성에 어울리는 캐릭터를 하나 정도 선정해 놓는 것이 도움이 됩니다. 항상 자기소개서와 면접에서 하는 대답의 연관성을 생각하면서 예상질문과 대답을 준비해야 합니다.

그리고 리허설은 필수입니다. 리허설은 실전에서 큰 효과를 볼 수 있습니다. 리허설을 할 때는 실전과 비슷한 환경을 만들어 놓고 하는 것이 큰 도움이 됩니다.

대면/비대면 면접 이미지 전략

코로나 이후로 AI 인적성검사와 서류평가 및 비대면 면접이 활발하게 이루어지고 있고, 기업에 따라서 대면과 비대면 면접을 병행하고 있습니다. 그래서 대면과 비대면 면접 두 가지를 함께 준비해야 합니다. 우선 이 두 가지의 차이점과 장단점을 파악하는 것부터 준비의 시작이라 할 수 있습니다.

1. 대면 면접

① 장점

대면 면접에서는 지원자의 세심한 부분까지 관찰할 수 있고 잠재력을 판단하기가 쉽습니다. 또한 지원자에 대한 추가 질문을 하면서 정보를 충분히 파악할 수 있습니다. 비대면에 비해서 더 다양한 면을 알아보고 정확하게 평가할 수 있습니다.

② 단점

기업과 지원자 모두에게 시간과 비용, 에너지 소비가 많다고 할 수 있습니다. 면접관의 컨디션이나 주관에 따라 평가가 달라질 수 있어 공정성 면에서 신뢰도가 조금 낮을 수 있습니다. 지원자의 입장에서는 동시에 여러 기업에 도전하기가 어려운 점도 있고, 비대면에 비해 긴장감이 높을 수 있습니다.

③ 대처법(비언어 이미지 전략)

대면 면접은 문을 열고 들어가는 순간부터 심사가 시작되며, 첫인상이 차지하는 비율이 매우 큽니다. 첫인상 형성에 영향을 미치는 것은 대부분 시각적인 요소입니다. 따라서 표정과 시선, 옷차림과 자세, 걸음걸이가 모두 중요합니다. 모의면접관으로 참여해보면 긴장감으로 인해 왼쪽 발과 왼쪽 팔을 동시에 들면서 걷는 경우도 있어서 사전에 편안하고 자연스럽게 걷는 연습도 필요합니다. 구체적인 방법은 다음과 같습니다.

- 밝은 표정을 짓기 - 첫인상의 79% 이상은 얼굴이 결정합니다. 그중에서 60% 이상은 표정이 좌우하므로 밝은 표정은 호감 가는 첫인상과 직결됩니다. 그렇다고 치아를 보이면서 큰 미소를 짓는 것이 아니라 살짝 밝고 생기를 담은 표정을 짓도록 합니다.
- 단정한 옷차림 갖추기 - 기업이 원하는 스타일을 체형에 맞게

입되 피부톤에 맞는 컬러와 얼굴형을 고려한 네크라인 등의 디자인을 맞춰서 입는 것은 호감과 신뢰를 줍니다.

- 자연스럽게 걷기 - 팔을 가볍게 흔들면서 자연스럽게 걸으면 여유와 자신감을 동시에 보여줄 수 있습니다. 사전에 걸음걸이와 자세를 연습하면 도움이 됩니다.
- 바른 자세 유지하기 - 어깨와 척추를 펴고, 턱은 살짝 당긴 듯한 정도를 유지하는 것이 반듯한 자세입니다. 또한 의자에 앉을 때도 신속하고 정확하게 앉을 수 있도록 연습하되 엉덩이가 의자 안쪽까지 닿도록 깊숙하게 ㄴ자로 앉습니다. 여성의 경우는 무릎을 붙이고 11자로 다리를 모은 뒤 무릎에 두 손을 모읍니다. 남자의 경우는 무릎을 조금 벌리고 ㄴ자로 앉고 양손을 각각 무릎에 올려놓습니다.
- 아이컨택은 진정성과 신뢰감을 보여주는 중요한 태도입니다. 특히 질문을 하는 면접관의 눈을 편안하게 쳐다보면서 질문을 듣는 동안 집중하도록 합니다.
- 적절한 제스처 활용하기 - 제스처는 제2의 언어입니다. 자신이 하고자 하는 말의 전달력과 설득력을 높이는 데 큰 역할을 합니다. 말의 내용에 맞게 적절한 제스처를 쓰는 것을 익히도록 합니다.

2. 비대면 면접

① 장점

기업 입장에서는 시간과 비용이 적게 들고, 한정된 시간에 더 다양하고 많은 지원자의 역량을 과학적이고 객관적으로 측정할 수 있고 인간의 편견을 등을 줄일 수 있습니다. 지원자의 입장에서도 시공간적 제약을 받지 않고 시간과 비용을 절약할 수 있으며, 동시에 여러 기업에 응시할 수 있습니다. 또한 대면 면접에 비해서 긴장감이 덜하고 공정성에 대한 신뢰도도 높다고 할 수 있습니다.

② 단점

한 치의 실수도 허락하지 않는 냉정한 평가가 이루어지고, 지원자의 잠재력을 세심하게 파악하거나 평가하기 어렵습니다. 또한 화상 면접이나 AI 면접은 한정된 이미지 요소만을 보고 판단하기 때문에 화질이나 인터넷 상황에 따라 편차가 많고 불상사가 일어날 변수의 여지가 많습니다. 또 화상 면접이나 AI 면접인 경우 갑자기 더 알아보고 싶은 것에 대한 추가 질문을 하기 어렵습니다.

③ 대처법(비언어 이미지 전략)

한정된 모니터 안에 비치는 시각적인 모습(비언어)과 청각적인 언어 요소에 의해 평가를 받으므로 화질과 조명, 인터넷 연결 상태를 잘 점검하는 것이 무엇보다 중요합니다. 스마트폰이나 노트북, 또는 태블릿 등 작은 화면 안에 본인과 심사위원들이 함께 담기게 되므로 여러 가지 상황을 고려해 가장 돋보일 수 있는 사전 준비가 필요합니다. 구체적인 대처법은 다음과 같습니다.

- 가장 신경 써야 할 것은 인터넷 연결망이 안정적인지 확인해 중간에 인터넷이 끊기는 사태를 방지하는 것입니다.
- 앉아 있는 뒤의 배경은 깨끗하고 밝은색이 좋습니다. 집에서 할 경우 옷걸이나 여러 가지 색의 장식품들이 있는 곳은 피하고 되도록 단색의 커튼이나 벽이 바람직합니다. 일명 '면접명당'이라고 하는 비대면 면접 장소를 호텔룸이나 스튜디오 등으로 정해서 사전에 대여하는 이유도 여기에 있습니다.
- 목소리가 울리지 않는 공간이어야 합니다. 공간을 사전에 점검해서 너무 큰 공간인 경우 울릴 수 있으므로 잘 확인하도록 합니다.
- 질 좋은 마이크를 준비합니다. 면접은 지원자의 목소리가 잘 들리는 것이 중요한데, 노트북 자체의 마이크는 다소 약할 수 있으므로 웹캠이나 별도의 마이크를 준비하면 지원자의 목소리가 명료하게 들리고 보다 긍정적인 평가를 받기 유리합니다.
- 조명을 갖추어 얼굴을 밝아 보이게 합니다. 촬영용 조명이 있다면 좋지만 만약 없다면 스탠드등에 하얀색 비닐이나 종이를 씌워 간접조명을 만듭니다. 또한 반사판 역할을 할 수 있는 은색이나 흰색 용지를 책상 위에 놓음으로써 얼굴이 좀 더 환

하게 보이도록 하는 것이 도움이 됩니다.

- 심사위원의 얼굴을 잠깐씩 보는 것은 좋지만 대답을 할 때는 카메라를 응시하는 것이 면접관의 눈을 직접 보는 느낌을 주어 자신감 있어 보이고 신뢰감을 줍니다.
- 표정을 밝게 하는 것은 가장 중요합니다.
- 반듯하고 바른 자세를 유지합니다. 작은 모니터로 보기 때문에 자세는 안 보인다고 생각하면 오산입니다. 혹 다리를 떠는 버릇이 있다거나 등을 구부리면 얼굴과 상반신에 바로 나타납니다.
- 되도록 미간이 보이도록 앞머리가 지나치게 이마를 가리지 않도록 합니다. 이마는 생각의 자리로 눈썹까지 가리면 무언가 숨기는 듯하고 자신감이 부족해 보입니다.
- 의상은 기업마다 요구하는 것이 다르지만 모니터에 비친 얼굴은 상대성의 원리가 작용하기에 얼굴이 작아 보이고 품격 있어 보이려면 비즈니스 캐주얼 재킷을 입되 어깨에 심을 넣어 어깨선을 살리는 것이 좋습니다.
- 카메라 각도를 정면으로 보이게 놓습니다. 자칫 카메라 각도가 잘못되면 얼굴형이 달라 보이므로 사전에 자신의 얼굴과 상체 부분이 어떻게 나오는지 반드시 점검해야 합니다.

듣기 좋은 건강한 목소리를 만드는 보이스 트레이닝

사람마다 얼굴 생김새가 다르듯이 목소리도 제각각 다릅니다. 또한 기분이나 사고가 표정을 통해 표현되듯이 목소리에도 한 사람의 감정과 기질이 담기게 됩니다.

각자의 음색, 음정, 음의 속도 등에 의해 결정되는 목소리는 유전적으로 타고난 것입니다. 그러나 후천적인 환경과 심신의 건강 상태에 따라 변화가 많이 일어나게 됩니다. 대부분 마음이 안정되고 여유로운 사람들의 목소리는 맑고 부드럽지만, 감정의 기복이 심하고 불안정한 생활이 잦은 사람일수록 목소리가 불안정하고 거칠어지기 쉽습니다. 물론 감기나 다른 질병으로 인해 목소리가 탁하고 거칠어질 수도 있지만, 대화를 나눌 때 목소리를 통해 상대방의 상태를 예측하는 것도 가능합니다.

목소리와 건강 상태가 서로 영향을 직접적으로 주고받으므로 건강한 목소리로 가꾸기 위해서는 건강한 신체를 유지하고 안정적인 심리 상태를 유지하려는 노력이 필요합니다. 또한 건조하면 목이 아프기 때문에 물을 자주 마셔서 성대가 촉촉한 상태로 유지될 수 있도록 하고, 실내 습도를 적당히 유지하는 것도 중요합니다. 갑자기 큰 소리를 내거나 무리하게 말을 많이 하면 성대에 염증이 생길 수 있으므로 성량이나 대화량을 조절하는 것도 중요합니다. 만약 부득이하게 무리를 한 경우에는 일단 말을 하지 말고 쉬어주는 것이 가장 좋습니다. 감기에 걸렸거나 목이 아프고 허스키해진 경우에는 가글을 이용해 입안과 목의 세균을 제거해 청결하게 유지하는 관리도 필요합니다. 또 목을 따뜻하게 감싸는 것도 도움이 됩니다.

대화를 하거나 연설을 할 때 목소리가 편안하고 안정적인 느낌을 주면 듣는 사람에게 신뢰감과 호감을 줍니다. 설득력 있는 목소리는 가늘고 높은 음보다는 다소 굵고 낮은 중저음의 목소리에 울림이 있는 목소리입니다. 목소리에 따라 뉴스를 진행하는 아나운서와 예능 프로그램을 진행하는 MC가 결정되는 것이 그런 까닭입니다.

무대에서 발표를 하거나 강의를 하기 전에 불안하면 목소리에도 그러한 정서 상태가 드러나게 됩니다. 이때는 복식호흡을 통해 심장박동수를 안정시키고 화장실에 다녀옴으로써 체온을 떨어뜨리는 것도 도움이 됩니다. 특히 프레젠테이션이나 강의의 긴장감을 줄이는 방법 중에 가장 효과적인 것은 철저한 준비와 연습입니다. 사전에 철저한 준비를 하는 것은 자신감으로 이어지고, 그 자신감은 목소리에 그대로 반영됩니다. 그러므로 목소리를 편안하고 듣기 좋게 가꾸는 노력은 자기 이미지를 긍정적이고 신뢰감을 주는 첫인상으로 만드는 데 중요한 영향을 미칩니다.

목소리를 통해서 감정과 자신감, 열정 등이 표현되므로 평소에 발성 연습과 성대를 건강하게 하는 관리를 꾸준히 하는 것이 좋습니다. 성대를 감싸고 있는 목근육을 손으로 마사지를 해주거나 복식호흡을 통해 배에서 음이 나오도록 연습하는 준비도 필요합니다. 그리고 평소에 과격한 말을 하지 말고 부드럽게 말하는 연습을 하면 목소리가 점점 좋아지는 것을 느낄 수 있습니다. 목소리는 유전적으로 타고나지만 후천적인 노력으로 바꿀 수 있습니다.

저는 방송 출연과 강의가 주업무이기 때문에 방송을 하면서 알게 된 한 대학병원 음성의학연구소 소장님을 통해 약하고 불안한 목소리를 고치기 위해 치료를 받으면서 공부한 적이 있습니다. 그리고 큰 효과를 보고 나서 제 연구소에서 보이스 크리닉 과정을 열어 소장님을 초빙해 보이스 크리닉 강의를 진행했습니다. 음성이야말로 제대로 된 훈련만 한다면 얼마든지 좋은 변화를 가져올 수 있음을 치료를 통해 실감했습니다. 만약 목소리가 병적으로 이상이 있다면 일단 이비인후과의 진료를 받은 뒤 음성크리닉을 받아보길 권합니다.

여기에서 그때 배운 내용과 목을 많이 사용해야 하는 강사로서 체험한 것들 중에서 효과가 좋았던 것들을 소개해보겠습니다. 이

훈련을 하기 전에 온몸을 스트레칭하고, 특히 목근육 전체를 유연하게 풀어주는 스트레칭을 하면 좋습니다. 그 스트레칭이란 고개를 천천히 좌우상하로 스트레칭 해주고 좌우로 천천히 돌리는 것입니다. 그다음 손으로 목빗근을 잡아 꼬집듯이 마사지를 해줍니다. 그 다음 아래 트레이닝을 하면 더욱 효과적입니다.

- **복식호흡을 한다.**

  먼저 코로 숨을 깊게 들이마시는데 이때 배가 나오도록 합니다. 내쉴 때는 입으로 천천히 내쉬는데 들이마실 때는 다섯을 셀 때까지 들이마시고, 내쉴 때는 열 번을 셀 때까지 내쉽니다. 들이마시는 것보다 내쉬는 것을 두 배로 하는 것이 심장을 튼튼하게 하고 호흡을 통해 독소를 배출하며 심장박동수를 안정시켜 심리적인 안정감을 줍니다.

- **호흡을 내쉬며 소리를 낸다.**

  호흡을 들이마신 뒤 천천히 아~~~ 하면서 똑같은 크기와 높이로 호흡을 다 내쉴 때까지 소리를 냅니다. 이 훈련은 호흡을 길게 만들어주어 힘 있고 안정된 목소리를 만드는 데 도움을 줍니다. 일반인 경우에 남성은 20초, 여성은 17초 정도를 한 호흡에 하는 것이 좋고, 강의 등 목소리를 많이 사용하는 사람이라면 남성은 한 호흡에 26초, 여성은 22초 이상 할 수 있도록 연습하면 도움이 됩니다.

• **입 모양을 크고 정확하게 벌린다.**

입 모양은 모음이 결정합니다. 모음의 음가를 정확하게 하되 입 모양을 정확하게 벌려서 발성연습을 하면 좋은 목소리는 물론 정확한 발음을 만드는 데 큰 도움이 됩니다. '가, 갸, 거, 겨, 고, 교, 구, 규, 그, 기'를 입을 크게 벌리면서 모든 자음을 모음에 대입하여 연습합니다. 이 운동은 밝고 탄력 있는 얼굴 인상을 만드는 데도 도움을 줍니다.

• **아치를 크게 벌려 하품하듯 발성한다.**

목젖 근처 목구멍의 모양이 아치형이어서 그 부분을 아치라고 합니다. 발성을 할 때 아치를 크게 벌려서 하품을 하듯이 공기와 소리를 함께 내뱉으며 "하~~~" 하고 크게 발성합니다. 그런 방법으로 '하, 히, 후, 헤, 호'를 천천히 연습합니다.

• **허밍과 립트릴을 한다.**

음~~ 하면서 허밍을 하는데 가장 편안한 음으로 합니다. 그리고 입술을 가볍게 닫은 상태에서 호흡을 입술 밖으로 진동과 함께 내보냅니다. 이때 음성을 내야 합니다. 가장 편안한 높이의 음으로 내는 것이 건강한 목소리를 만드는 데 좋습니다. 이것은 목이 잠기거나 상할 위험이 있을 때 하면 도움이 됩니다.

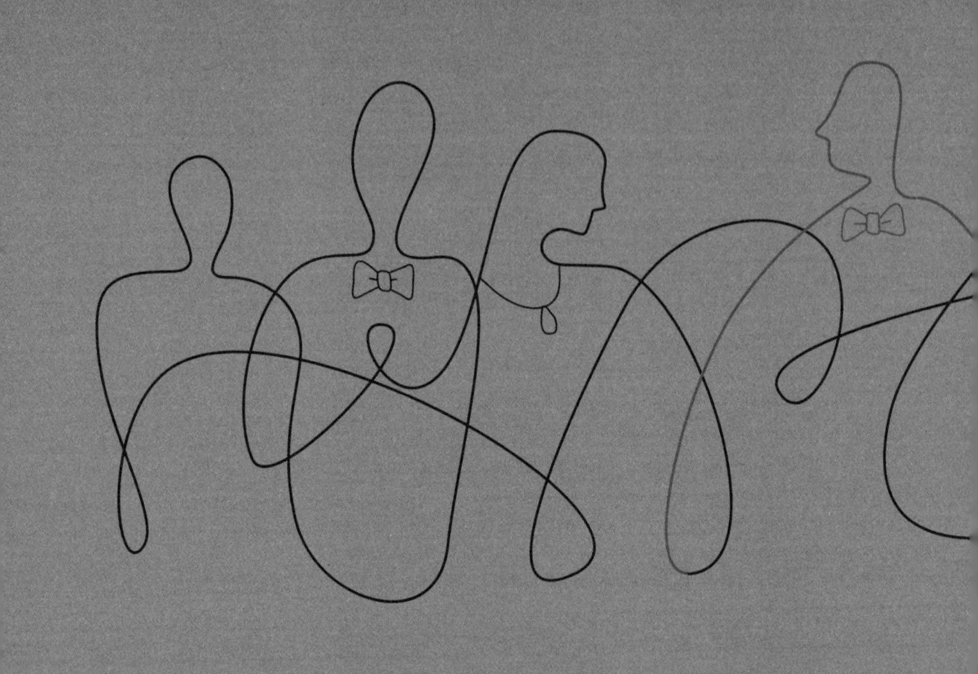

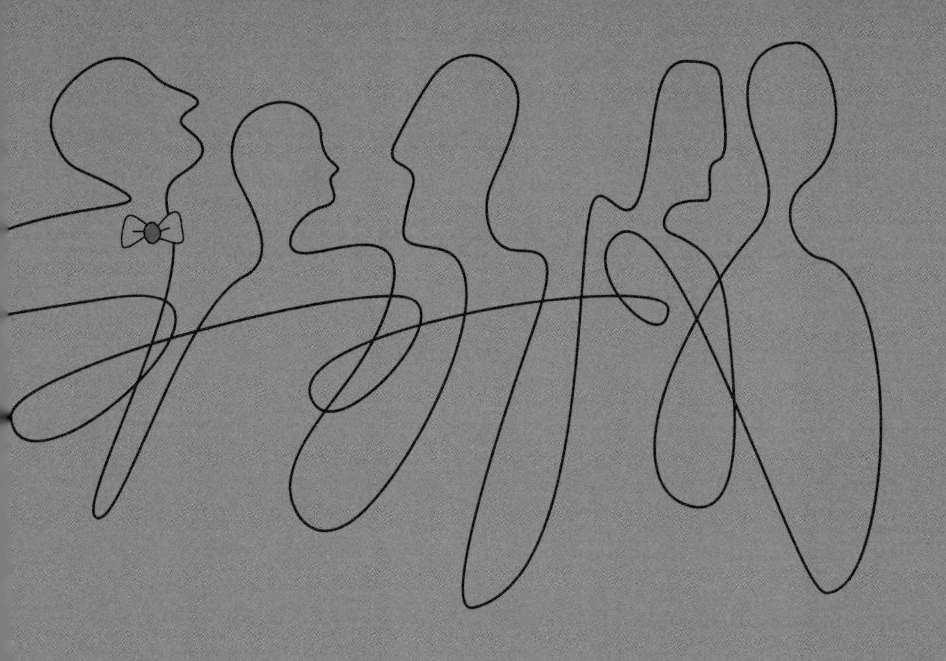

제5강

인정받고 행복한 조직생활을 위한 소통의 기술

결과를 뒤바꾸는 성공적인 질문법

대화를 잘하기 위해서는 질문을 얼마나 잘하느냐가 중요합니다. 특히 상담이나 코칭, 혹은 고객과의 대화에서 상대방의 생각과 욕구를 끌어내주는 것이 질문의 힘입니다. 질문은 상대방의 기억마저 왜곡시킬 정도로 그 영향력이 강합니다.

특히 뛰어난 리더일수록 말을 많이 하지 않으면서도 질문을 현명하게 잘 던지는 것을 볼 수 있습니다. 다음의 예를 살펴보겠습니다.

부하직원이 업무를 처리했는데 그 결과가 좋지 못해 회사에서 대책회의를 하게 되었습니다. 업무를 담당했던 직원은 고개를 들지 못하고 출입문 쪽에 위치한 자리에 마치 죄인처럼 앉아 있습니다. 이런 상황에서 두 가지의 상황을 비교해 보겠습니다.

- 상황 A

부장: 결과가 왜 이래?

직원: … 죄송합니다.

부장: 무슨 일을 이따위로 처리해?

직원: ……

- 상황 B

부장: 이번 일은 혼자만의 일이 아니라 우리 직원 중 누구에게도 생길 수 있는 일입니다. 직접 담당했던 000씨는 어떻게 하면 이런 문제를 줄일 수 있을지 생각해보셨나요?

직원: 네 이번 일은 유통과정에서 구조적인 문제가 있는 듯합니다. 제가 그 문제점을 미처 파악하지 못해서 결과가 좋지 않게 나왔습니다. 정말 죄송합니다. 문제점을 분석해서 해결하면 다음에는 문제를 줄일 수 있을 것입니다.

부장: 그렇다면 그 문제를 어떻게 해결할 수 있는지 전 직원이 생각해보고 의견을 말씀해보세요. 어차피 모두가 담당할 수 있는 일입니다. (그러고는 나가면서 실수한 직원의 어깨를 툭 치며 격려의 미소를 보낸다.)

이처럼 똑같은 상황에서도 질문을 어떻게 하느냐에 따라 결과가 확연히 다름을 알 수 있습니다.

상황 A는 담당 직원이 죄인이 되어서 부장의 질문에 해결점을 찾기보다는 변명하기 바쁘고, 아마 나중에는 질책을 받고 무시당한 기분에 몹시 스트레스를 받고 직장을 그만두고 싶다는 생각이 들 것입니다.

반면, 상황 B에서는 직원이 미안한 마음과 책임감을 느끼면서도 문제점을 파악하고 문제해결점을 찾으려는 방향으로 생각하게 될 것입니다. 그리고 부장이 그 책임을 담당 직원 탓이 아니라 전체의 구조나 문제점으로 인식시켜서 직원에게 용기를 주었고, 회의실을 나갈 때 건넨 스킨십과 미소는 그 직원에게 자신을 믿어주는 메시지로 받아들여져서 자신감과 애사심을 갖게 할 것입니다.

대화의 목적은 소통을 통해 서로에게 좋은 결과를 가져오도록 하는 것입니다. 감정에 휩쓸려 단순히 화풀이를 하는 대화는 진정한 문제해결을 가져올 수 없습니다. 어떻게 말하고 질문하느냐에 따라 상대방의 사기를 살릴 수도 있고 죽일 수도 있으며, 인간관계를 성장시킬 수도 파괴할 수도 있습니다.

특히 질문을 할 때 '왜'라는 단어는 따지는 듯하고 질책하거나 무시하는 말로 들리기 때문에 되도록 쓰지 않는 것이 좋습니다. 그러나 '어떻게'라는 말은 문제에 대한 원인을 상대방 탓으로 돌리지 않고 문제점을 찾아서 해결하려는 의도가 담겨 있어 서로의 관계를 성장시키고 신뢰를 쌓는 대화법입니다. 대화 수준을 결정하는 것은 어떤 질문을 하느냐에 달려 있습니다. 문제해결도 마찬가지입니다.

열린 질문을 하고 긍정적인 질문을 해야 더 좋은 해결책으로 다가갈 수 있습니다.

생산적인 질문을 하는 팁

유형	No	Yes
미래형	이번 프로젝트가 왜 실패한 겁니까? 책임자가 누구죠?	이런 실패의 결과가 다시 나오지 않게 하려면 어떻게 해야 할까요?
긍정형	이번 프로젝트는 여러 상황상 불리한 거 아닌가요?	이 프로젝트를 성공시키려면 어떤 방법을 찾을 수 있을까요?
열린형	이 프로젝트가 좋다고 생각하십니까?	이 프로젝트의 좋은 점은 어떤 것들이 있나요?

집단지성을 끌어내는 효율적인 회의의 기술

집단지성이라는 개념을 처음 생각한 사람은 영국의 유전학자 프랜시스 골턴(Francis Galton)입니다. 1906년 골턴은 영국의 서부 우시장에서 '황소 몸무게 정확하게 맞추기 대회'를 보게 되었습니다. 787명에 이르는 다수가 참여했고, 이중에는 몇몇 소 전문가도 포함되어 있었습니다. 군중은 소 한 마리를 놓고 소의 무게를 예측해 적어냈는데 실제로 어느 누구도 정확한 무게를 맞추지는 못했습니다. 그러나 787명의 군중이 적어낸 값의 평균을 낸 결과 실제 소의 무게(1,198파운드)와 거의 비슷한 1,197파운드로 나타났습니다.

이것은 소수의 엘리트보다 평범한 다수의 지식이 모인 결과가 훨씬 정확하다는 것을 보여줍니다. 이것이 바로 집단지성의 힘이자 회의의 힘입니다. 회의를 하는 것은 소수가 생각하지 못한 것을 다수가 함께 의논해서 가장 좋은 결과를 이끌어내기 위한 의사 결정 과정입니다.

20여 년간 기업체 강의를 진행하며 질의응답 시간을 갖거나 팀장과 구성원들과 상담을 해보면 수많은 직장인의 바람 중 하나는 리더가 회의를 생산적으로 이끌어주는 것입니다.

한 기관의 리서치 결과에 따르면, 코로나 팬데믹 이후 회의가 25% 이상 늘었다고 합니다. 보통 회의가 늘어난다는 것은 그 조직의 업무가 잘 돌아가지 않는 것과 상관관계가 있습니다. 조직이 잘 돌아가면 회의도 짧고 다양한 방식으로 이루어지게 됩니다. SNS가 발달한 이후로는 대면 회의가 아니더라도 메일이나 SNS, 또는 조직 내부의 커뮤니티 채널을 통해서 회의가 이루어지고 있습니다.

회의는 자유롭게 의사를 교환할 수 있어야 생산적인 회의가 가능합니다. 그러나 많은 기업의 경영 현장을 들여다보면 잘못된 회의 관행이나 비생산적인 회의방식을 흔히 보게 됩니다. 임원이나 직원들의 의견을 들어보면 불필요한 회의가 너무 많고 회의 시간이 길어 업무에 지장을 주거나 에너지와 시간 소모가 많다는 목소리가 매우 많습니다. 기업의 회의는 최고경영자의 의사를 전달하기 위해 소집되는 경우가 많은데, 사실 가장 소모적인 회의가 그런 회의입니다. 그런 경우는 이메일이나 공동 커뮤니티를 이용해서 하는 편이 더 바람직합니다.

MZ세대들이 회의에 참석하게 되면 그들의 가치관과 코드도 감안하는 것이 좋습니다. 그들은 아이디어가 참신하고 풍부한 세대이므로 그들이 의견을 자유롭게 내놓을 수 있는 분위기가 되어야 효율성과 생산성이 있는 회의가 될 수 있습니다.

세계 구직자들 사이에서 가장 다니고 싶은 기업으로 꼽히는 구글의 경우 회의의 원칙을 분명하게 정하고 있습니다. 구글의 회의 원칙을 살펴보면 다음과 같습니다. ①모든 회의에는 리더가 필요하므로 반드시 참석한다. ②회의의 명확한 목적과 프로세스가 뚜렷해야 한다. ③정보 공유와 브레인스토밍을 하는 회의에도 리더가 필요하며, 회의 후에 의결된 내용을 관련자들에게 잘 전달해야 한다. ④회의는 꼭 필요할 때만 한다. ⑤회의 참석자는 8명 이내로 한다. ⑥회의에는 꼭 필요한 사람만 참석한다. ⑦시간을 엄수한다.

그렇다면 효율적이고 생산적인 회의를 위한 방법은 무엇일까요? 그 방법은 다음과 같이 정리할 수 있습니다.

1. 회의 안건(아젠다)을 분명하게 미리 알린다.

회의 참석자들이 안건에 대한 자료를 조사하고 분석해 발표할 자료를 사전에 준비할 수 있어야 합니다.

2. 회의 횟수와 시간을 되도록 줄인다.

회의 시간은 30분을 넘지 않는 범위로 정합니다. 회의에 시간을 많이 할애하는 것은 여러 가지로 소모적이고 업무에도 손해입니다.

꼭 필요한 회의가 아니면 회의를 위한 기계적인 회의는 과감히 없애고 메일이나 공동 커뮤니티로 대체합니다.

3. 회의 참석자 전원에게 발언권을 준다.

전원이 발언권을 가져야 안건에 대해 각자의 생각을 자유롭게 제시할 수 있고, 집단지성의 힘을 발휘해 최선의 의사 결정을 할 수 있습니다.

4. 회의에 참석하는 사람의 숫자를 줄인다.

회의 참석자는 그 안건에 직접 관련이 있거나 전문지식이 있는 사람으로 제한합니다. 관련이 없는 직원이나 비전문가가 참석할 때 회의는 소모적인 회의가 됩니다.

5. 수평적인 분위기로 자유롭게 의사를 교환해야 한다.

윗사람 눈치를 보며 하고 싶은 말을 하지 못하거나 윗사람의 순서가 지난 후에 발표하는 분위기는 비생산적이고 비효율적인 회의입니다.

6. 회의는 편안하고 부드러운 분위기에서 출발한다.

회의는 같은 조직의 구성원들이 나누는 조직 커뮤니케이션의 자리이므로 오프닝부터 "회의합시다"라고 하면 분위기는 무겁고 딱딱해집니다. 우선 부드러운 미소를 띠고 서로 안부 인사를 나누며 부드러운 분위기로 시작합니다.

7. 발언하는 시간을 정하고 사족은 지양한다.

회의는 오프닝에 분위기를 풀기 위한 간단한 인사 외에는 안건에만 집중하고, 발표하는 사람에게 주어지는 발언 시간을 정하는 것이 좋습니다. 만약 한 사람의 발언이 너무 길어지면 회의 시간도 길어지고 회의 결과를 도출하기 어려워집니다. 그래서 사족을 금하고 안건에 대한 핵심적인 내용에 대해서만 발언을 해야 합니다.

8. 회의 결과는 반드시 도출한다.

결과를 도출하지 않으면 회의는 무의미해집니다. 같은 안건으로 다시 회의를 여는 것은 매우 소모적입니다.

9. 도출된 결과는 전 구성원과 공유한다.

조직을 활성화하고 협업이 잘 이루어지는 팀워크가 형성되려면 공동 목표와 안건에 대해 모두가 알아야 합니다. 그렇게 될수록 집단지성의 효과를 얻을 수 있습니다.

10. 회의 결정 내용은 번복하지 않고 평가까지 이루어져야 한다.

정당한 절차를 거치지 않고 회의에서 결정한 것을 번복해서는 안 됩니다. 그러나 많은 기업에서 회의에서 결론이 난 사안을 최고경영자가 독단적으로 뒤집는 일이 자주 있습니다. 그러면 회의를 한 의미가 없어지고, 구성원들이 CEO를 신뢰할 수 없게 됩니다. 회의에서 결정된 사항의 실행 결과는 관련된 구성원들에게 반드시 전달해 실행하고, 그들로부터 공정한 평가를 받아야 합니다. 그러고 나서 평가에 따라 수정할 부분이 있다면 관련된 전문가나 담당자들만 모여서 다시 조정을 위한 회의를 하는 것이 바람직합니다.

조직의 리더와 임원들에게 회의를 효율적으로 운영하는 능력은 매우 중요한 자질이자 역량입니다. 회의 분위기를 보면 그 조직의 문화를 알 수 있습니다. 기업의 입장에서 직원들의 업무시간은 중요한 자원이므로 효율적인 회의 진행이 반드시 필요합니다.

미운털 박히지 않게 거절하는 표현법

우리는 사회생활을 하면서 무수한 부탁을 받게 되지만, 때로 들어줄 수 없는 부탁을 받으면 참으로 난감합니다. 도움을 청하는 입장에서는 무언가 절박한 상황인 경우가 많은데, 그때의 사람 마음은 남의 입장을 헤아릴 여유가 없어 부득이하게 거절을 하면 관계가 단절되기도 합니다.

반면 거절하지 못해서 손해 보는 사람도 많습니다. 부탁을 들어줄 수 없는 형편임에도 거절하지 못해서 했다가 자신과 상대에게 모두 안 좋은 결과를 불러오는 경우가 있습니다. 도저히 부탁을 들어주지 못할 상황이라면, 지혜롭게 거절하는 것이 오히려 서로에게 좋은 결과를 가져다줍니다. 그러나 기분 좋게 거절하는 것이 결코 쉽지 않습니다. 자칫 잘못하면 오해가 생겨 관계가 불편해질 수 있기 때문에 기분 나쁘지 않게 거절하는 법을 알아두면 도움이 될 것입니다. 다음의 사례를 통해 지혜롭게 거절하는 법을 살펴보겠습니다.

중요한 약속이 있어서 서둘러 퇴근을 준비하는 윤대리에게 김 부장이 말했습니다.

- 상황 A

김부장: 윤대리, 우리 부서의 미래가 달린 중요한 프로젝트가 생겼으니 남아서 이것 좀 살펴보고 검토해야겠네.

윤대리: 오늘 중요한 약속이 있어서 안 되겠는데요.

김부장: 아무리 중요한 약속이라도 우리 부서의 미래가 달린 프로젝트만큼이나 중요하겠어? 그렇게 중요한 약속이라면 아주 가버리라구!

윤대리: 아니 그게 아니구요...

- 상황 B

김부장: 윤대리, 우리 부서의 미래가 달린 중요한 프로젝트가 생겼으니 남아서 이것 좀 살펴보고 검토해야겠네.

윤대리: 아 그렇군요. 중요한 프로젝트니 당연히 제가 해야 하는데 어떡하죠? 죄송합니다만, 오늘 저녁에 여자 친구 부모님과 만나서 인사드리고 저녁식사를 하기로 되어 있거든요. 제가 되도록

일찍 식사 마치고 와서 검토해도 되겠습니까, 부장님?

김부장: 아무리 급한 일이라도 인륜지대사만큼 중요한 게 어디 있겠어? 가서 식사 잘하고 잘 인사드리고 와요. 윤대리가 바쁘니까 고대리에게 부탁하면 되지 뭐... 내일 와서 자네가 한 번 더 봐 주게나.

윤대리: 네 부장님. 죄송합니다. 내일 와서 제가 잘 검토하겠습니다.

위의 경우처럼 똑같은 상황이지만, 어떻게 대응하냐에 따라 결과가 완전히 달라질 수 있습니다. 상황 A는 회사 일에는 관심이 없고 자기 일만 챙기는 이기적인 부하직원으로 오해를 받아 부장과의 관계가 불편해지고, 이후의 회사생활이 여러 가지로 어려움이 따를 것으로 추측됩니다. 반면 상황 B는 비록 남아서 일을 하지는 못했지만, 부하직원으로서 회사 일을 염려하고 책임감을 느끼는 태도를 보여줌으로써 오히려 인정을 받게 되는 상황입니다.

상황 B와 같이 기분 좋게 거절하는 화법을 'Yes, but' 화법이라고 합니다. 자신의 사정을 얘기하기 전에 상대방의 입장과 상황을 그대로 인정하고 그 부탁을 들어주고 싶은 긍정적인 마음을 먼저 표현하는 것입니다. 만약 자신의 사정을 먼저 말하게 되면 아무리 부득이한 사정일지라도 변명이나 핑계로 받아들여지게 될 가능성이 매우 높습니다. 따라서 상대방에게 부탁을 들어주고 싶은 긍정적인 마음을 표현한 뒤에 자신의 사정을 미안한 마음을 담아 표현하는 'Yes, but' 화법을 이용하면 상대방이 기분 나쁘지 않게 거절할 수 있습니다.

그리고 인간관계를 맺으면서 지인으로부터 "돈 빌려 달라!"는 부탁을 받아보지 않은 사람은 거의 없을 것입니다. 사람마다 상황이 다르겠지만, 일반적으로 지인으로부터 그런 부탁을 받았을 경우에는 못 받아도 좋다는 정도의 금액을 빌려주는 것이 좋습니다. 그러나 사정이 어려워 거절해야 하는 상황이라면, 위에서 말한 'Yes, but' 화법으로 거절하는 것이 바람직합니다.

또 때로는 자신의 능력을 인정받아서 중요한 일을 부탁받는 경우도 있습니다. 그럴 때는 믿고 맡겨주는 것에 대한 감사함을 먼저 표현하고 부득이하게 하지 못할 사정을 얘기하며 사과하는 것이 순서입니다. 가령 "그렇게 중요한 일을 저를 믿고 맡겨 주신 것에 감사드립니다. 그런데 지금 맡은 프로젝트가 끝나려면 아직 멀어서 아무래도 제가 그 일을 맡는 것은 어렵겠습니다. 죄송합니다"라고 말하는 것입니다. 그러면 상대방도 무안하지 않고 서로 기분 좋게 그 상황을 매듭지을 수 있을 것입니다.

거절은 어떻게 표현하느냐에 따라 자신의 가치를 인정받을 수도 있고, 상대방의 기억 속에 '괘씸한 사람'이라는 부정적인 이미지로 각인될 수도 있습니다. 그래서 거절은 늘 신중하게 생각하고 표현할 줄 아는 자세가 필요합니다.

경청만큼 중요한 리액션

리액션은 상대방의 말에 대한 관심의 표현으로 경청하는 자세도 중요하지만 리액션도 매우 중요합니다. 리액션은 꼭 말로 하지 않아도 적절한 상황에서 웃거나 고개를 끄덕이거나 감탄사만 표현해도 충분합니다. 그러나 때로 어떤 리액션을 취해야 할지 난감할 때가 있습니다. 특히 감정적인 대립이나 혹은 그와 반대인 상황에서 자신을 표현하는 방법을 몰라 당황스러울 때도 많습니다.

방송에 출연하면서 리액션의 중요성을 깊이 느끼게 되었습니다. 아나운서와 대화를 나누거나 출연자들끼리 토크를 할 때 미리 준비된 시나리오가 아닌 전혀 엉뚱한 답변이 나올 때가 자주 있습니다. 그러면 서로 애드립을 하면서 리액션을 적당히 보여주면 스튜디오 분위기가 훨씬 자연스럽고 활기가 돕니다. 그러나 질문하는 사람의 질문내용이 앞뒤가 맞지 않거나 대답하는 사람이 질문과 다른 방향으로 말을 하면 분위기가 얼어붙기도 합니다. 생방송의 경우 편집이 불가능하기 때문에 그럴 때는 리액션으로 분위기를 전환하기도 합니다. 이처럼 리액션은 대화의 분위기를 좌우하는 중요한 요소라 할 수 있습니다.

공식석상이나 개인적인 만남에서 대화를 할 때 그에 대한 적절한 반응이 있어야 대화가 순조롭게 진행됩니다. 방송을 하면서 직장인들에게 인터뷰한 내용을 토대로 직장인들이 가장 궁금해하는 리액션에 대해 이야기해보겠습니다.

1. 칭찬을 받았을 때 리액션의 기술.

칭찬을 받았을 때 만약 그 칭찬을 극구 부인하면, 상대방에게 '참 보는 눈이 없으시군요'라는 무언의 메시지로 들릴 수도 있어 상당한 결례가 될 수 있습니다. 그래서 칭찬을 듣게 되면 감사를 표시하고 다시 상대방을 칭찬해주는 것이 좋습니다. 예를 들어 "선생님, 목소리가 참 좋으시군요. 부럽습니다"라는 칭찬을 들으면 "아, 좋게 봐주셔서 정말 감사합니다. 선생님 목소리도 편안하시고 얼굴 인상이 참 좋으십니다"라고 대응하는 것이 매너입니다.

2. 상사에게 꾸중을 들을 때 리액션의 기술.

사람은 이성보다 감정이 먼저 앞서기 때문에 기분 좋을 때는 부정적인 말이나 행동에도 웃고 넘어갈 수 있지만, 그 반대의 경우에는 평소에 그냥 잘 넘어가던 것도 눈에 거슬리고 그냥 넘어가지 못하는 경우가 많습니다. 그래서 상사로부터 꾸중을 들었을 때는 신중하게 리액션을 취해야 합니다. 우선 꾸중하는 상사의 기분을 먼저 살피고 리액션을 취하는 것이 중요합니다. 머릿속에서는 '부장님은 대리시절에 그런 실수 안 해 봤어요? 왜 그렇게 난리예요?'라는 말이 지나가겠지만, 그런 말들을 절대 내뱉으면 안 됩니다.

이때는 "부장님! 제 실수 때문에 회사에 큰 피해가 생겨서 죄송합니다. 부장님 입장에서는 충분히 화나실 만합니다. 진심으로 사과드립니다"라고 리액션을 취하면, 상대의 감정이 조금 누그러지게 됩니다. 어떤 결과에 대해서 상대방이 솔직하게 인정하지 않고 변명만 늘어놓으면 감정이 더 악화되기 마련입니다.

또 반대로 '입이 열 개라도 할 말이 없습니다'라는 마음으로 입을 꾹 다물고 아무런 리액션을 취하지 않으면, 화가 난 사람의 입장에서는 더 답답하고 화가 증폭될 수도 있습니다. 그러므로 상대방이 화가 났을 때는 우선 사과를 하는 것이 가장 좋은 방법입니다. 그러나 화가 난 정도에 따라서 그 상황은 조금 달라질 수 있습니다. 지나치게 큰 사건으로 상사가 감정 조절이 안 될 정도로 화가 나 있다면, 얼른 사죄를 하고 그 자리를 피하는 것이 좋습니다. 큰 실수를 저지른 사람이 눈앞에 보이면 감정이 더 악화될 수 있고, 격한 감정으로 대화를 하다 보면 더 악화일로로 치달을 수 있기 때문입니다.

이럴 때는 수면자 효과를 노려 시간이 조금 지나 상대방의 감정이 조금 가라앉았을 때 다시 정중하게 사과하고 문제해결을 위한 대책을 모색하는 것이 방법입니다.

3. 불만 고객을 상대할 때 리액션의 기술.

불만을 호소하는 고객은 오히려 단골고객이 될 확률이 높습니다. 가장 무서운 고객은 말이 없는 고객이기 때문입니다. 말 없는 고객은 불만이 있을 때 '이번만 참고 다시는 오지 말자'라는 생각을 하는 경우가 대부분입니다. 따라서 화를 내는 고객에게 어떤 리액션을 취하느냐에 따라 결과는 정반대가 될 수 있습니다. 화가 난 불만 고객을 대할 때는 상대방의 화가 난 감정과 일치되는 진지한 표정을 짓는 것이 중요합니다. 만약 상대방은 화가 나 있는데 친절하게 대한다는 마음으로 미소를 띠고 있으면 상대에게 오히려 불쾌감을 주기 때문에 진지한 표정과 공손하고 낮은 자세로 대하는 태도가 필요합니다. 그다음은 상대방의 불쾌한 감정과 불만사항들을 잘 들어주는 것이 중요합니다. 그리고 곧바로 "불편을 끼쳐드려서 죄송합니다"라고 사과를 해야 합니다.

그런데 가끔 이런 상황에 대응하는 직장인들이 실수하는 것 중 하나가 자기 부서에서 실수한 것이 아니라고 마치 남이 실수한 것을 보는 제3자의 입장으로 고객을 대하는 것입니다. 설사 자기 부서나 본인의 실수가 아니라도 직원은 누구나 회사를 대표한다는 생각으로 무조건 사과를 하는 것이 좋습니다. 또한 이러한 상황에서는 화를 내는 사람이 대부분 서 있게 마련인데, 심리적으로 화가 난 사람을 테이블로 인도해 앉게 하는 것이 좋습니다. 서 있는 상태에서는 말도 더 거칠게 나올 수 있고 강한 액션이 나올 가능성이 크기 때문에 서서 화를 내는 고객을 우선 자리에 앉도록 권유하는 것이 필요합니다. 그러고 나서 "그 문제를 신속하게 처리해 드리겠습니다. 잠시만 기다려주십시오"라고 하고 문제를 파악해 빠른 서비스를 제공할 수 있는 대책을 마련하는 것이 순서입니다.

화난 고객이 가장 많이 하는 말 중의 하나가 "사장 나오라고 해!"라는 말입니다. 고객의 불만이 큰 사안이라면, 말단 직원이 해결하는 것보다 책임자가 신속하게 대응하는 것이 고객의 기분을 빨리 진정시키고 고객을 설득할 수 있는 방법입니다.

4. 일반적인 리액션의 기술.

① 상대방의 입장을 헤아리기.

리액션의 첫 번째 순서는 '역지사지'의 자세를 취하는 것입니다. 상대방의 입장이나 기분을 고려하지 않은 리액션은 오히려 독이 될 수도 있기에 하지 않는 것만 못합니다. 상대방의 말을 경청하면서 상대의 편이 되어주면 상대방의 마음을 얻는 것은 시간문제입니다.

② 온몸으로 하기.

리액션은 말과 행동을 모두 포함합니다. 때로는 말 한마디 없이 눈빛 하나, 미소 하나가 더 큰 메시지와 울림을 줄 때가 있습니다. 상대방의 말을 듣고 그 감정에 맞는 표정을 지어주고 고개를 끄덕여 주며, 상체를 기울이는 것이야말로 가장 부작용이 없으면서 상대를 기분 좋게 하는 리액션의 기술입니다.

③ 분명하게 표현하기.

자신의 감정이나 입장을 분명하게 표현하지 않아서 불쾌감을 조성할 때가 많습니다. 특히 감사나 사과를 해야 할 때 더욱 그러합니다. 감사함을 전하거나 사과를 해야 할 경우에는 상대방에게 그 감정이 제대로 전달되도록 잘 표현하는 것이 중요합니다.

④ 타이밍을 잡기.

인사는 타이밍을 놓치면 다시 하기가 어색하고 어려워집니다. 적절한 타이밍에 적당한 리액션을 취해야 그 효과가 가장 좋고 상대방의 기분을 좋게 하는 방법입니다. 주저하거나 머뭇거리지 말아야 합니다. 때를 놓치지 않고 즉시 반응하는 센스가 필요합니다.

직장에서 협조를 끌어내는 부탁의 기술

직장은 자신의 전문성을 발휘하는 곳이기는 하지만, 동료들의 협조가 없다면 참으로 힘든 곳이기도 합니다. 혼자 해결하기 어려운 일을 앞에 놓고 동료에게 도움을 청하고 싶은데 언뜻 부탁의 말이 떨어지지 않아 고민했던 경험이 누구나 있을 것입니다.

대부분의 직장인들은 하루의 2/3 이상을 직장에서 보내기에 직장생활이 행복하지 않다면 삶이 힘들 수밖에 없습니다. 행복한 직장생활은 직장동료나 고객과의 원활한 관계에서 오고 서로 협력이 잘 이루어졌을 때 가능합니다. 서로 소통하지 못하고 원활한 관계가 형성되지 못하면 일보다 관계 때문에 더 큰 스트레스를 받게 됩니다. 그래서 평소에 소통이 잘 이루어지고 도움이 필요할 때 도움을 얻을 수 있도록 조직에서 좋은 관계를 형성하면 순조로운 직장생활을 영위할 수 있습니다.

대부분의 직장인들이 도움이 필요한데도 선뜻 부탁하기 어려운 이유를 조사해보니 남에게 아쉬운 소리를 하는 것 자체가 어렵다는 것과 거절을 당하면 자존심이 상해서라는 이유가 가장 많았습니다. 하지만 부탁에 대한 인식의 전환이 필요합니다. 직장에서 서로 부탁하고 도와주는 것은 어려운 일을 협력해 처리함으로써 조직 전체를 위해서도 좋은 일이며, 서로 돕는 행위는 아름다운 조직문화임을 인식해야 합니다. 대부분의 성공인은 다른 사람과의 협업을 통해 좋은 결과를 얻어냅니다. 그래서 타인의 도움과 협조를 얻어낼 수 있는 부탁의 기술을 잘 알아두는 것은 직장생활에 큰 도움이 될 수 있습니다.

1. 정중한 말투와 자세로 하자.

조직의 상사가 부하 직원에게 부탁할 때 가장 많이 쓰는 말투가 명령형입니다. 그런데 부하직원들이 가장 싫어하는 유형의 상사가 바로 말이 안 통하고 일방적으로 명령이나 지시만 하는 유형입니다. 사람의 마음을 움직이려면 상대방의 입장과 감정을 먼저 헤아리는 태도가 필요합니다. 그래서 아무리 아랫사람이라도 지금 할 수 있는지의 여부를 살펴 고마운 마음으로 부탁을 하는 것이 아랫사람 입장에서는 존중받는 느낌이 들어 기쁘게 도와줄 마음이 생기게 됩니다.

2. 상대에게 동기부여를 하자.

인간의 욕구단계를 보면, 가장 높은 욕구가 자아실현의 욕구입니다. 그리고 사회적 존재로서 느끼는 욕구 중에서 가장 강한 욕구가 바로 인정받고 사랑받는 것입니다. 그래서 누군가가 자신을 인정하고 칭찬해주면 무엇이든 해주고 싶은 마음이 드는 것이 인간의 심리적 특성입니다. 만약 누군가에게 부탁을 할 때는 그 일을 특별히 상대방에게 맡기게 된 배경과 그 사람의 능력을 칭찬하면서 동기부여를 해보세요. 그러면 상대는 기쁘고 감사한 마음으로 수락할 것입니다.

예를 들어 중요한 프레젠테이션을 어느 직원에게 맡긴다고 가정해보죠. "박과장! 이번에 우리 회사에서는 새로 나온 신상품에 대한 기대가 그 어느 때보다 크네. 그래서 이번 프레젠테이션이 매우 중요한데 아무래도 중요한 사안인 만큼 가장 유능한 박과장이 그것을 맡아줬으면 좋겠어. 어떤가?" 아마도 칭찬과 기대가 담긴 이러한 제안을 싫어하는 사람은 없을 것입니다.

3. 상대방의 현황을 살피자.

아무리 상대방을 인정하고 칭찬한다고 해도 상대방이 다른 일로 너무 바쁜 상황이라면 하고 싶어도 할 수 없을 가능성이 큽니다. 심지어 바쁜 자신의 상황을 전혀 모르고 있는 상대가 야속하게 느껴질 수 있습니다. 누군가에게 부탁을 할 때는 상대방이 그 업무를 맡을 수 있는 상황인지를 먼저 살피는 것이 중요합니다.

4. 감사의 마음을 표현하자.

부탁을 수락했을 때와 업무를 모두 수행하고 난 뒤에 감사의 마음을 표현하는 것을 잊지 말아야 합니다. 그리고 잘한 것과 부족한 부분에 대해 피드백을 해주면 차후의 일을 하는 데 발전적인 방향으로 나아갈 수 있습니다. 그러나 중요한 것은 칭찬과 감사 위주로 마음을 전하는 것이 가장 좋습니다. 만약 부득이하게 부족한 부분을 지적한다면 당사자의 잘못이 아니라 다른 사람들도 그 일을 맡게 되면 어떠한 부분에 대해 잘 준비하고 대비해야겠다는 식으로 말해 공통의 문제점으로 언급하는 것이 좋습니다. 그리고 마지막에는 그런 문제점이 있는데도 당사자였기 때문에 잘 처리할 수 있었다고 격려하는 한 마디를 잊지 말아야 합니다.

위기를 기회로 만드는 사과의 방법

인간관계에서 제때 사과를 하지 않아서 갈등이 생기는 경우가 많습니다. 그래서 사과를 통해 상대의 감정을 풀어주는 것은 원만한 인간관계를 위해 중요합니다. 사회생활을 하는 직장인들에게 사과는 하나의 매너라 할 수 있습니다.

사과할 때의 기본 원칙은 진실성이 있는 사과를 하는 것인데, 상대방의 화를 눈 녹듯이 녹이는 사과의 절차가 있습니다. 인정 - 후회/반성 – 다짐 - 배경설명 - 보상의사의 5단계가 그것입니다. 우선 자신의 잘못을 진정으로 인정하고 정식으로 사과하고, 그다음에는 자신의 실수를 뉘우치고 "내가 그렇게 하지 않았으면 이런 일도 없었을텐데..." 하는 식으로 후회하고 반성하는 것입니다. 그다음에는 다시는 그런 실수를 하지 않도록 주의하겠다는 의사를 표현하고, 네 번째 단계로는 실수를 한 배경을 설명하며, 마지막으로는 피해보상의 의사를 표현하는 것입니다. 그러나 상대방이 크게 화가 나 있을 때는 잘못한 배경이나 보상의 의사표현을 서두르다가 오히려 상대방을 더 화나게 할 수도 있어 상대의 기분이나 성격을 잘 파악해서 대응하는 것이 중요합니다.

사과의 타이밍도 중요합니다. 무조건 즉시 사과하는 것이 좋을 수도 있지만, 상황과 상대방에 따라 반응이 다를 수 있기에 가장 먼저 파악해야 할 것은 상대방의 성격유형과 그 당시의 기분 상태입니다. 그것에 따라서 바로 하는 것이 효과적일 수도 있고, 조금 시간을 두고 기다렸다가 적당한 기회를 찾아서 하는 것이 좋은 경우도 있습니다. 다만 너무 늦게 하는 것은 피해야 합니다. 시간이 지나면 지날수록 잘못한 사람이 진심으로 미안해하는 마음이나 사과할 의도가 없는 것으로 비칠 수 있고, 서로 더 어색해지기 때문입니다. 그래서 가급적 당일 내에 해결하는 것이 좋습니다.

가령 남성들인 경우에는 퇴근시간을 기다렸다가 "아까는 제가 정말 큰 실수를 저질렀습니다. 사죄드리는 의미에서 오늘 제가 술 한잔 사고 싶은데 시간을 허락해주십시오!"라고 한다면 사과가 쉽게 이루어지기도 합니다. 그렇다면 직장인들이 가장 궁금해하는 사항을 방송에서 인터뷰한 내용을 통해 알아보겠습니다.

Q1 업무상의 실수나 잘못으로 사과를 할 때도 있지만, 거짓말을 했

다가 들통났을 때 어떻게 해야 할까요? 예를 들어 상사에게 거짓말을 하고 여자 친구와 야구를 보러 갔다가 중계화면에 커다랗게 잡혀서 거짓말했던 것이 들통난 적이 있습니다.

A1 이때는 '회사에서 거짓말쟁이로 찍히느냐?' 아니면 '미워할래야 미워할 수 없는 센스쟁이로 인정받느냐?'의 기로에 서 있는 셈입니다. 이렇게 거짓말이 완전히 드러날 때는 그 사실을 인정하고 바로 사과한 뒤에 "그날은 여자 친구 생일이었는데요, 여자 친구와 결혼하느냐 마느냐를 결정하는 중요한 약속이다 보니 본의 아니게 거짓말을 하게 되었습니다. 부장님! 한 번만 용서해주세요. 여자 친구와 결혼에 골인하도록 노력해서 다시는 그런 일이 없도록 하겠습니다"라고 한다면 서로 웃으면서 넘길 수 있을 것입니다. 자칫 잘못하면 "지금 장난해?"라는 느낌을 줄 수도 있지만, 때로는 이렇게 웃으며 넘길 수 있는 애교도 필요한 것이 사회생활입니다.

Q2 상대방이 사과해 올 때 아직 감정이 가라앉지 않거나 자존심이 상해서 잘 받아들이기 힘들 때는 어떻게 하나요?

A2 상대방이 어렵게 사과할 때는 받는 사람의 입장도 상대방의 사과를 수용하고 정리해서 다시 반응을 하는 것이 쉬운 일만은 아닙니다. 그러나 상대방의 입장에서는 아무리 잘못했더라도 사과를 하는 것은 큰 용기를 낸 것이기 때문에 상대방이 진심

어린 사과를 했다면, 받는 쪽에서도 자존심을 내세우지 말고 받아들여주는 것이 옳은 태도입니다. "사실 그동안 이러이러해서 참 안타깝고 힘들었다, 그러나 그것을 알고 사과하니 나도 이해하겠다, 이번 일을 계기로 해서 앞으로 더 잘해보자"고 정리하는 것이 바람직한 태도라고 할 수 있습니다. 그리고 이런 일을 계기로 서로의 관계가 더 돈독해질 수도 있습니다. 또한 사과를 잘 받아주는 모습을 통해 인격을 높게 평가받을 수도 있습니다.

Q3 사과는 아랫사람이 윗사람에게 하는 경우가 대부분이긴 하지만 상사도 후배 직원에게 사과를 해야 하는 순간이 있는데 사회적 위치도 있고, 자존심도 걸려 있어서 사실 쉽지만은 않습니다. 상사는 사과를 어떤 식으로 해야 할까요?

A3 상사도 사람이니 회사생활을 하다보면 당연히 실수를 할 수 있습니다. 부모 역시 마찬가지입니다. 잘못을 했는데도 상사나 부모라는 명목으로 정식으로 사과를 하지 않는다면, 리더나 부모로서의 자질이 없는 것이고, 후배들이 그런 상사를 존경하지도 따르지도 않을 것이며, 아이들 역시 부모님에게 반감이 생길 수 있습니다. 사과는 나이나 직급에 상관없이 자신의 잘못을 진심으로 인정하고 사과를 제대로 표현하는 것이 가장 중요하다는 점을 명심해야 합니다. 사과할 때 분명하게 사과하는 것이야말로 더더욱 어른으로서 모범을 보여주는 훌륭한 태도입니다.

Q4 사과할 때 주의해야 할 점이 있다면 어떤 것이 있을까요?

A4 사과는 자신의 잘못으로 인해 피해를 보고 가장 감정이 상한 사람이 누구인지 정확히 파악해서 사과할 대상을 찾아서 하는 것이 중요합니다. 사과를 하면서 "내가 실수했다면 죄송합니다"라는 조건부 사과는 좋은 방법이 아니며, 사과할 때는 상대방의 눈을 보면서 미안해하는 표정을 짓는 것이 중요합니다. 만약 상대방이 화가 풀리지 않아 화풀이를 하면 충분히 화나실 만하다고 이해해주고 공감하면서 상대방의 말을 정중하게 들어주는 태도를 보여야 합니다.

까다로운 상사의 인정을 끌어내는 처세의 기술

직장인들에게 상사와의 관계는 성과와 정서에 직접적인 영향을 줍니다. 그래서 상사와 잘 지내고 인정받는 일은 직장인들에게 큰 과제가 아닐 수 없습니다. 또한 어느 직장이나 유독 특이한 성격을 가진 상사가 있게 마련입니다. 그러나 상사의 유형에 맞게 현명하게 대처한다면 인정을 받으며 순조롭게 직장생활을 영위할 수 있을 것입니다. 인터뷰를 통해 많은 직장인이 궁금해했던 상사의 유형별 대응법을 다음과 같이 정리해보았습니다.

Q1 변덕이 죽 끓듯 해서 어느 장단에 맞춰야 할지 모르겠고, 무슨 일이 생기면 온몸에 긴장감이 돌게 하는 무서운 상사는 어떻게 대해야 할까요?

A1 그런 상사는 대체적으로 성격이 급하면서 보스 기질이 강하고, 기분에 따라 변덕이 심한 경우입니다. 그래서 기분이 좋을 때는 한없이 좋다가 부하직원이 실수를 하거나 기분이 언짢을 때는 언성을 높이거나 육두문자를 날리며 욕설을 퍼붓는 경우가 많아서 상처를 주는 폭군형이라고 할 수 있습니다. 이런 상사를 대할 때는 평소에 공개적으로 충성심을 자주 드러내고 칭찬을 해주는 것이 인정받을 수 있는 좋은 방법입니다. 하지만 기분이 나쁠 때는 충성스러운 부하라도 극단적으로 대할 수 있기 때문에 상사가 흥분해 있을 때는 가능하면 피하는 것이 좋습니다. 그리고 변덕이 심하기 때문에 지시 사항을 문서로 기록해 두고 나중에 그것을 바탕으로 해서 정확하게 보고하는 것이 바람직합니다. 폭군형은 성격이 급하고 최종목표나 결과에 관심이 많으므로 보고할 때는 단도직입적으로 결론부터 보고하고 나중에 과정을 설명하는 것이 좋습니다.

Q2 성격이 순하고 잘못을 해도 관대하게 용서해주는 상사의 경우에는 부하직원이 별로 어려운 일이 없을 것 같지만, 막상 그런 상사들도 부하직원이 힘든 경우가 많습니다. 그런 상사는 어떻게 대해야 할까요?

A2 어떤 성격도 다 좋을 수만도 없고 나쁠 수만도 없으며, 장단점이 있게 마련입니다. 이런 상사는 우유부단형이라고 할 수 있습

니다. 이런 유형은 결과보다는 과정과 인간관계를 중시하는 경향이어서 모든 것을 좋게 넘어가려고 합니다. 그래서 평소에 인정받거나 칭찬 듣는 것을 좋아해 인정해주고 칭찬해주는 것을 잘 활용하면 좋습니다. 하지만 평소 회의를 해도 명쾌하게 결론을 내리는 경우가 드물고, 문제가 발생했을 때는 단호한 결단을 내리지 못해 업무적으로는 오히려 더 힘들 수 있습니다. 이런 성격의 상사는 심각한 내용의 말을 오래 듣는 것을 별로 좋아하지 않고, 나중에 기억을 잘 못하기 때문에 말로 길게 이야기하는 것보다는 한눈에 볼 수 있도록 문서로 보고하는 것이 좋습니다. 그러나 본인 자신은 우유부단하고 느긋해도 업무보고를 받을 때는 결론부터 말해주는 것을 좋아하므로 간결하게 결론부터 보고하는 편이 좋습니다.

Q3 저희 상사는 매우 꼼꼼하고 철저해서 피곤하기가 이만저만이 아닙니다. 어떻게 하면 잘 지낼 수 있을까요?

A3 이러한 유형의 상사는 완벽주의형이라고 할 수 있습니다. 완벽주의형의 상사들은 책임감이 강하고 능력이 있는 반면 분석적이고 세심해서 부하직원들의 업무 상황을 중간중간 확인하는 경우가 많습니다. 그래서 이런 유형은 상사가 원하기 전에 중간중간 업무를 보고하는 것이 좋습니다. 상황이 여의치 않으면 문자나 메일로 보고를 하고, 특별한 성과가 없더라도 "별다른 성

과가 없습니다"라고 보고하는 성실한 태도가 신뢰를 얻을 수 있는 방법입니다. 그리고 분석적이고 꼼꼼한 유형의 상사에게 보고할 때는 사소한 업무 내용도 문서화해서 보고하고, 정확한 근거나 정보를 제시해 보고해야만 신뢰를 받게 됩니다.

Q4 상사가 지시한 내용이 정확하지 않거나 처음에 한 말대로 했는데 나중에는 오히려 화를 내면서 다른 것을 요구하는 경우는 정말 황당하고 속상하거든요. 이렇게 말을 바꾸거나 지시사항을 정확하게 하지 않고서 화만 내는 상사에게는 어떻게 하는 것이 좋을까요?

A4 이런 상사는 종잡기 어려운 매우 까다로운 유형이라 할 수 있습니다. 이런 경우에는 지시한 업무 내용을 재확인하는 것이 중요합니다. 사실 직장 내에서의 커뮤니케이션은 재확인만 해도 오류를 많이 줄일 수 있으며, 특히 이런 유형의 상사는 수시로 생각이 바뀌는 경우가 많아서 재확인이 필요합니다. 그리고 사소한 것이라도 혼자서 판단해서 실행하지 말고 반드시 상사에게 확인을 받고 지시받은 대로 하는 것이 이후에 발생할 리스크를 예방할 수 있습니다. 그리고 예민한 성격의 상사가 화를 낸다고 같이 예민하게 대응하는 것은 결코 도움이 되지 않습니다. 이때는 "이런 부분 때문에 화가 나셨군요. 죄송합니다"라고 공감하면서 기분을 맞춰주는 태도가 필요합니다.

한 번에 상사의 OK를 얻는 보고서 작성과 보고의 기술

보고서 작성은 상사로부터 자신의 능력을 평가받는 중요한 업무활동입니다. 그래서 보고서를 작성하고 보고하는 것은 직장인들에게는 부담이 아닐 수 없습니다. 기업강의 현장에서 직장인들의 애로사항을 들을 때가 많은데, 그들의 가장 큰 스트레스 중 하나가 바로 보고였습니다. 많은 시간을 들여 보고서를 작성하고 보고하는데 칭찬은커녕 지적과 함께 부정적인 피드백을 듣기가 다반사여서 그것을 다시 수정하느라 실제 업무에 지장이 크다는 것입니다. 그래서 직장인에게 보고서를 작성하고 설명하는 능력은 매우 필요하고 중요한 능력이라 할 수 있습니다.

실제 업무 능력이 뛰어나도 업무 보고 능력이 부족하면 자신의 능력보다 평가절하되는 경우가 많습니다. 그것은 큰 손해가 아닐 수 없습니다.

보고 능력도 자신의 생각과 의도, 정보를 잘 정리해 전달하는 커뮤니케이션 능력이자 자기 표현 능력이라 할 수 있습니다. 보고서는 유형마다 작성 방법과 보고 방법이 다릅니다. 그러나 일반적인 업무상황 보고나 계획, 혹은 기획 보고를 전제로 해서 어떻게 하면 상사에게 쉽게 'OK'를 얻어내는 보고를 할 수 있는지 알아보겠습니다.

보고서를 작성하기 전에 기본적으로 생각해봐야 할 세 가지 관점이 있습니다. 상사 입장에서 보는 관점, 업무 보고의 목적으로 보는 관점, 보고하는 본인 입장에서 보는 관점입니다. 먼저 상사의 관점에서 본다면, 성격유형과 선호도를 파악해서 문서형식 중에서도 한글이나 워드, 혹은 PPT 등의 작성방법을 결정하도록 합니다. 사전에 상사의 성향을 파악해서 선호하는 형식과 방법을 선택하는 것은 결과와 직결되는 중요한 사항입니다. 상사의 입장에서는 받아야 할 보고와 해야 할 결재가 밀린 경우가 많으므로 상대가 최대한 단시간에 이해하기 쉽도록 보고서를 작성하고 설명하는 기술을 잘 연마해야 합니다.

상사의 입장에서는 바쁜 와중에 이 보고서를 왜 받아야 하는 것인지 그 이유와 필요성(Why)을 생각할 것입니다. 이 단계는 보고서 내용이 무엇이고 어떤 이유로 보고하는지(보고서의 핵심이자 결론이기도 함)를 가장 먼저 설명해야 합니다. 때로는 상사가 보고서를 요청하는 경우도 있는데 이런 경우는 상사가 궁금해하는 사항이므로 신속하게 상사가 원하는 방식으로 보고를 할수록 결과가 좋습니다. 일반 업무 보고는 상사가 요구하기 전에 상사가 궁금해할 것을 인지하고 중간 보고를 하는 것이 바람직합니다. 그 보고서가 타당하다면 현재 어떤 것이 문제(What)이고, 실제 상황이 어떤지 한눈에 쉽고 빠르게 알고 싶을 것입니다. 그리고 그 보고서를 통해 회사에 긍정적인 영향을 줄 수 있는 다음 계획(Plan)과 업무행동, 또는 다른 기획을 기대하고 요구할 것입니다. 이때 상사의 성향에 따라 시각적인 자료를 많이 쓸 것인지의 여부를 결정하면 됩니다. 대부분은 한눈에 들어오는 시각적인 자료를 선호합니다. 글보다는 시각적인 자료가 단시간에 내용을 한눈에 파악하기 쉽기 때문입니다.

업무 보고 목적의 관점에서 본다면, 이 보고가 조직에 미칠 영향과 결과를 예측해 보고서에 반영해야 합니다. 조직의 업무나 성과에 미치는 영향이 없다면 그 보고서는 가치가 없는 것과 같습니다. 이 보고서 내용을 계획하고 실행했을 때 그 결과는 무엇인가를 생각하면서 작성해야 합니다. 그 보고서가 분명히 조직에 긍정적인 영향을 미치거나 조직의 문제해결을 위한 가치가 있는 것이어서 상사로부터 OK를 받아야 한다면 보고서 작성을 할 때 Why에 대한 근거자료를 잘 준비해야 합니다. 그리고 다음 단계의 실행계획과 실행 이후의 예상되는 결과를 보기 쉽게 정리해야 보고의 목적을 달성할 수 있을 뿐만 아니라 보고서의 가치가 높아집니다.

다음은 보고자 자신의 관점에서 살펴봐야 합니다. 자신은 보고하는 내용의 업무주체자이자 그 내용을 누구보다 잘 알고 있는 사람으로서 보고를 통해 회사 상부에 상황을 알리고 필요한 업무지원과 계획을 관철시켜 이후 업무를 실행해 나가는 것이 필요합니다. 그렇다면 상사가 업무 보고를 듣고 다양한 질문을 할 것을 미리 대비해서 업무 보고서의 Why-What-How-Plan에 대한 세세한 내용을 잘 인지하고 추가자료도 준비하는 것이 좋습니다. 때로는 추가 질문과 답변 과정에서 결과가 바뀌는 경우도 많습니다. 단, 상사의 질문에 대한 답변은 결론부터 말하고 이유와 상황을 그다음에 설명하는 순서가 좋습니다. 이것은 보고서 작성과 발표도 마찬가지입니다. 대부분의 상사가 싫어하는 것 중 하나가 보고서가 결론 없이 서두가 길거나 명료하지 않을 때입니다.

상사도 사람이기에 그 외에 고려해야 할 사항들이 있습니다. 모든 일은 기분이 차지하는 비율이 높기 때문에 타이밍과 분위기를 고려해야 합니다. 급한 보고는 어쩔 수 없지만, 되도록 상사의 업무 스케줄은 물론이고 신체적, 정신적 컨디션이 어떤지 살펴서 되도록 컨디션이 좋고 여유가 있는 타이밍에 맞춰 보고하는 것이 좋은 결과를 얻을 확률을 높입니다. 결론적으로 보고하는 내용도 중요하지만 분위기와 보고자의 태도, 상사의 기분도 중요합니다.

몸값과 직결되는
성공적인 프레젠테이션 기법

《인간관계론》의 저자 데일 카네기는 세일즈맨과 배우, 작가 등 다양한 활동을 했습니다. 그리고 뉴욕 YMCA에서 대중연설에 대한 노하우를 강의하면서 유명해지기 시작했습니다. 그의 책이 아직도 사랑받는 이유는 스피치의 매력요소가 시대를 초월해서 인간의 본능적인 특성과 심리와 연관이 있기 때문입니다. 데일 카네기가 전하는 노하우와 제가 수많은 강의를 거치며 경험한 가장 중요하고 효과적인 프레젠테이션 방법을 소개해보겠습니다.

1. 진심을 담아 나답게 말하자.

매력적인 스피치를 하려면 멋진 비주얼과 자세, 좋은 목소리, 명확한 발음, 리듬감도 중요하지만 무엇보다 말에 진심을 담아 자기답게 하는 것이 중요합니다. 대부분 무대에 올라가면 갑자기 목소리가 달라지면서 웅변을 하거나 책을 읽듯이 말하게 됩니다. 그러면 가식적이고 지루한 스피치로 변해 버립니다. 대중 스피치는 연사와 청중의 호흡이 서로 통해야 성공할 수 있습니다. 연사가 진실해야 청중의 마음을 울릴 수 있고, 연사의 호흡이 편안해야 청중의 호흡도 편안해지면서 말에 잘 집중할 수 있습니다. 진심을 표현하는 것은 표정과 제스처, 목소리를 통해서입니다. 일부러 기교를 부리려고 하지 말고 힘을 빼고 편안하게 내 마음을 전달한다고 생각하면 됩니다.

2. 말의 구조를 세우자.

기-승-전-결이든, 서론-본론-결론이든 말의 설득력을 높이기 위해서 내용의 구조적인 전개가 필요합니다. 그렇지 않으면 논리성이 떨어져 청중의 이해도가 떨어지게 됩니다. 하고자 하는 말의 내용에 따라 알맞은 구조를 세워야 합니다.

3. 오프닝에서 흥미와 라포를 이끌어내자.

처음 1~5분에서 연설이나 강의에 대한 첫인상과 기대감이 결정됩니다. 강의 주제와 연관된 영화나 명언, 사례, 게임, 퀴즈 등을 이용해서 청중의 마음을 열고 흥미를 이끌어내는 것이 필요합니다.

4. 리듬감을 살리자.

반복, 강조법을 이용하고 음의 높낮이를 다양하게 조절하며, 속도감이나 목소리 톤의 변화 등을 이용해 흥미진진하게 표현합니다. 마틴 루터 킹의 연설이나 오바마의 민주당 전당대회에서의 연설이 그러합니다. 이 리듬은 공간과 청중의 수, 상황과 목적에 따라 달라져야 합니다.

5. 스토리텔링을 하자.

스토리텔링을 가장 잘하는 인물로 오바마를 꼽을 수 있습니다. 주장하고자 하는 내용을 적절한 사례를 들어 스토리텔링을 하면 더욱 재미있고 감동적인 스피치를 할 수 있습니다.

6. 청중의 눈높이에 맞추자.

이를 위해서는 사전에 청중을 분석하고 이해해야 합니다. 사실 이것이 가장 첫 번째 해야 할 일입니다. 청중의 연령, 신분, 환경, 이해수준 등을 고려해 그들의 눈높이에 맞춰야 이해도와 설득력을 높일 수 있습니다.

7. 도구를 활용하자.

PPT나 그림, 동영상, 화이트보드에 판서하기, 연사의 제스처나 특별한 액션 등 전달하고자 하는 내용을 더 이해하기 쉽게 도와줄 수 있는 도구를 최대한 활용해야 합니다.

8, 리허설을 하자.

대중 스피치는 개인적인 대화와 달리 많은 사람의 이목이 집중됩니다. 연사가 작은 실수라도 하면 그것이 매우 크게 보이고, 스피치의 가치도 떨어지게 됩니다. 그래서 자연스럽고 매끄럽게 진행할 수 있도록 많은 연습과 리허설은 반드시 필요한 과정입니다.

무대에 선 경험이 부족한 사람들은 긴장되기 마련인데 미리 객석의 구조나 분위기를 파악해서 이미지 트레이닝으로 상상 속에서 시뮬레이션을 해보면 도움이 됩니다. 이것은 긴장감을 줄이는 효과도 있어 면접에서도 활용하면 좋은 방법입니다.

강사가 프레젠테이션을 하는 경우에는 코디네이터가 강사나 발표자를 소개하게 됩니다. 이때 자기만의 인사말을 간략하게 준비해서 정중례를 합니다. 일 대 다수로 만날 때는 청중의 연령이 자신보다 훨씬 낮더라도 정중례를 하고 존댓말로 강의를 진행하는 것이 매너입니다. 무대매너에 대해 자주 질문 받는 내용들을 모아 정리해보면 다음과 같습니다.

Q1 인사할 때 인사말과 몸 인사의 순서가 있나요?

A1 인사말과 몸 인사 중에 무엇을 먼저 하든 원칙은 없습니다. 그러나 보통은 인사말과 몸 인사를 동시에 하는 것은 그리 품격

있어 보이지 않습니다. 가장 많이 하는 것은 인사말을 먼저 하고 몸 인사를 나중에 하는 것입니다. 그리고 자세도 중요합니다. 양쪽 발가락과 발바닥에 골고루 무게감을 주고 한쪽으로 기울어지지 않도록 주의합니다.

Q2 마이크 사용법을 알려주세요.

A2 마이크는 줄이 있는 핸드 마이크와 무선 핸드 마이크, 그리고 핀 마이크가 있습니다. 보통 핀 마이크는 강의 현장에서 사용하기보다 방송에서 많이 사용합니다. 유선과 무선 핸드 마이크의 공통점은 마이크를 잡을 때 마이크 헤드는 건드리면 안 된다는 것입니다. 헤드를 손으로 잡으면 삑~~ 하는 하울링이 발생할 수 있습니다. 또 마이크 헤드가 스피커 가까이 가도 하울링이 생기므로 주위 상황을 잘 살펴서 자신이 서야 할 위치를 미리 점검해 두는 것이 좋습니다.

마이크를 잡는 법은 가장 질문이 많은 사항인데 마이크 바디의 중간을 잡는 것이 좋습니다. 그리고 마이크 높이는 턱 끝에 닿을락 말락 하는 정도가 좋습니다. 마이크로 강사나 발표자의 입을 가리면 청중의 입장에서 답답해 보이고 연사가 매력적으로 보이는 것을 방해합니다. 팔꿈치 위치도 중요합니다. 가끔 강사과정에서 시강할 때 어떤 사람은 팔꿈치를 어깨높이만큼 올리는 경우가 있는데 그것은 가수들이 노래할 때 많이 사용하는 방법입니다. 강의할 때나 프레젠테이션을 할 때는 최대한 연사의 옷차림이나 표정, 제스처가 눈에 거슬리지 않도록 해야 청중이 집중하는 데 도움이 됩니다.

줄이 있는 핸드 마이크를 사용할 경우에는 발이 걸리지 않도록 동선을 잘 잡아야 하고, 마이크를 잡지 않은 손으로 마이크 줄을 꼬는 습관이 있는 사람은 청중이 보기에 거슬릴 수 있으므로 반드시 주의해야 합니다. 무선 마이크를 사용할 때는 바디 아랫부분을 잡게 되면 수신이 방해될 수 있어서 항상 중간을 잡고, 중간에 버튼식 온/오프 장치가 있는 경우 실수로 건드려서 꺼질 수 있으니 주의해서 그 부분을 피해서 잡도록 합니다.

Q3 무대에서 시선을 어디에 두어야 할까요?

A3 연사는 청중에게 골고루 시선을 주는 것이 원칙입니다. 연사가 조금도 시선을 주지 않으면 청중은 부정적인 감정이 들 수 있습니다. 청중이 많은 경우에는 9개 영역으로 나눕니다. 매대와 가까운 앞부분을 왼쪽, 중앙, 오른쪽으로 나누는데 같은 방법으로 중간 부분과 뒤쪽 부분으로 나누면 총 9개 영역으로 나뉩니다. 시선 처리는 맨 처음은 중간 부분의 중앙을 보고 인사하고 천천히 왼쪽이나 오른쪽으로 보다가 반대편으로 옮기면 좋습니다. 같은 방법으로 앞쪽 부분을 보고 맨 뒤쪽을 보면 좋습니다.

Q4 무대 공포증을 줄이는 방법이 있을까요?

A4 무대 공포증이 없는 사람은 거의 없습니다. 그리고 적당한 긴장감은 강의나 발표 능력을 향상시켜 주는 효과가 있습니다. 일단 무대 공포증을 무조건 부정적인 감정으로 대하지 않는 마음 자세가 필요합니다. '나만이 아니라 누구나 무대에 서면 떨리는 법이야' 라는 생각으로 떨림을 약간 즐길 수 있어야 합니다. 그리고 무대에 올라가기 전에 복식호흡으로 심호흡을 서너 번 하면 심장박동수가 빨리 안정됩니다. 구체적인 방법은 숨을 들이마실 때 배가 나오고 내쉴 때 배가 들어가는 방법인데 최대한 들이마신 뒤 내쉴 때는 들이마신 숨보다 두 배 가까이 길게 내쉬는 것이 핵심입니다. 무대 공포증은 강력한 스트레스 호르몬인 코르티솔을 분비합니다. 그러면 생각과 사고를 담당하는 전두엽의 기능을 떨어뜨려서 하고자 하는 말도 잊어버릴 수 있습니다. 그런데 심호흡을 하면 코르티솔 호르몬을 빨리 상쇄시켜 안정감을 찾는 데 도움을 줍니다. 가장 중요한 것은 강의나 발표할 내용을 충분히 연습하고 리허설을 해보는 것입니다. 그러면 자신감이 생겨서 떨리더라도 당당한 모습으로 발표를 할 수 있습니다.

성격 유형별 퍼스널 이미지 브랜딩

이미지 메이킹은 각자의 성격과 개성을 진단하고 그것에 맞게 계획하며 훈련해서 발전시켜 나가야 합니다. 이미지 메이킹의 첫 번째 단계는 자기 자신을 제대로 아는 것입니다. 타고난 기질과 성향, 내가 좋아하는 것과 싫어하는 것, 하고 싶은 것과 앞으로 되고 싶은 것, 닮고 싶은 롤모델은 누구인지 등을 먼저 생각해봅니다. 그리고 가장 먼저 나의 장점과 단점을 객관적으로 진단하는 작업이 필요합니다.

사람들의 성격은 모두 다르지만 DISC에서 분류하는 4가지 유형에 근거해 이미지 메이킹 방법을 설명해보겠습니다.

1. 주도형(D형)

① 특징

승부욕이 강해 도전과 경쟁을 즐깁니다. 과정보다는 결과를 더 중요하게 생각하는 목표지향적 성향입니다. 목표를 생각하다 보니 타인의 감정을 헤아리는 것이 부족할 수 있습니다. 대화방식은 직설적인 화법을 구사하고 흑백논리가 분명하며, 듣기보다는 자신의 의견을 말하려는 경향이 강한 편입니다. 에너지가 좋아 늘 부지런히 공부하고 활동적이기는 하지만 자칫 독선적일 수 있습니다.

② 이미지 메이킹

- 밝은 표정으로 부드러운 인상을 주도록 노력합니다. 인상이나 성격이 강해도 표정이 밝고 따뜻하면 부드럽고 긍정적인 인상을 줍니다.
- 말을 줄이고 많이 들어야 합니다. 주도적인 유형은 듣기가 늘 부족한 유형입니다. 먼저 들어주는 자세를 취한다면 소통이 원만하게 이루어질 수 있습니다.
- 명령형을 청유형으로 바꾸는 것이 좋습니다. 주도형은 보스기질이 강해서 쉽게 말을 놓거나 말투가 명령형을 많이 사용합니다. 청유형이나 질문형으로 바꾸는 것이 좋습니다.
- 부드러운 말투를 쓰도록 합니다. 말투가 직선적이어서 자기도 모르게 타인에게 상처를 줄 수 있으므로 쿠션화법을 쓰는 것이

좋습니다.

- 컬러로 이미지를 보완하도록 합니다. 부드럽고 친절한 인상을 줘야 할 고객을 만날 때는 부드러운 컬러의 옷을 입으면 도움이 됩니다. 밝고 어두움의 차이인 콘트라스트도 중간 정도로 맞추고 되도록 부드럽고 따뜻한 톤의 컬러를 이용해 부드러움을 더해주면 좋습니다.

2. 사교형(I형)

① 특징

인간관계를 중시하며, 사람을 좋아하고 낙천적이어서 어려운 일도 긍정적으로 극복하는 유형입니다. 상상력이 풍부하고 아이디어가 많은 성향을 갖고 있습니다. 상대방을 즐겁게 만드는 분위기 메이커 역할을 잘하고 말하는 것을 좋아하지만, 산만해 보이거나 가끔 감정적으로 행동해 다혈질로 보이기도 합니다.

② 이미지 메이킹

- 일을 우선순위에 놓도록 합니다. 인간관계나 모임을 우선시하는 경향이 있어 일을 뒷전으로 미루다 다 하지 못하는 경우가 있습니다. 업무를 먼저 하고 다른 활동을 하는 습관이 필요합니다.
- 논리적이고 계획적인 이미지를 주도록 노력합니다. 기분파로 보이는 것을 보완하려면 친절하되 업무에서는 빈틈없이 꼼꼼

하다는 이미지를 주는 것이 중요합니다. 중요한 대화는 메모를 하면서 빠짐없이 기록해 실수를 줄이고, 스케줄을 미리 계획해 움직이는 것이 좋습니다.

- 약속을 잘 지키도록 합니다. 사교형은 신뢰에서 다소 부족한 평가를 받을 가능성이 높습니다. 우선 약속시간부터 잘 지키고 만약 늦어지면 미리 알려서 이유를 말하고 양해를 구합니다.
- 경청하도록 합니다. 사교형은 말하는 것을 좋아해서 다른 사람의 말을 중간에 끊거나 듣기보다 말을 많이 하는 편입니다. 말하기 전에 먼저 듣도록 하는 연습을 합니다.
- 가끔은 진지한 표정을 짓고 과묵할 때도 필요합니다. 사교형은 낙천적이어서 자칫 가벼운 느낌을 줄 수 있습니다. 과묵함과 진지함을 보여주는 것도 하나의 전략입니다.

3. 안정형(S형)

① 특징

성실하고 인내심이 강한 편입니다. 인간관계를 중시하며, 이타심이 강해 배려심이 많습니다. 전면에서 지휘하는 것보다 뒤에서 지원하는 유형입니다. 감정이입을 잘해서 공감능력이 좋고 인간적이며, 커뮤니케이션 능력이 좋습니다. 반면 우유부단한 면이 있을 수 있고, 행동이 느리며, 결정을 잘 내리지 못해서 가끔 답답하고 무능한 인상을 줄 수 있습니다.

② 이미지 메이킹

- 이기적으로 살기. 인간관계에서 남을 배려하고 도우려는 경향이 커서 정작 자신을 돌보지 못하는 경우가 많습니다. 공동체 활동을 적당히 하고 나부터 챙기는 연습이 필요합니다.
- 단기목표와 계획을 세우도록 합니다. 하루, 일주일, 한 달의 계획을 세워서 자신이 해야 할 일을 체계적으로 관리하는 것을 추천합니다.
- 의사 결정 속도를 높이도록 합니다. 의사 결정을 빨리 하는 것을 연습해서 답답하거나 무능한 인상을 보완해야 합니다. '사람은 좋은데...'라는 이미지에서 탈피해 사람도 좋은데 일도 잘한다는 이미지를 심어줄 필요가 있습니다.
- 카리스마 있는 이미지로 변신해보세요. 늘 하던 스타일에서 변화를 주도록 합니다. 표정, 헤어스타일, 옷차림, 말투 등의 변화를 주는 것은 평소의 선하기만 한 이미지를 카리스마 있는 모습으로 보여줄 수 있는 가장 빠른 방법입니다.

4. 분석형(C형)

① 특징

분석력이 뛰어나 논리적이고 핵심을 잘 파악하는 유형입니다. 체계적으로 계획을 잘 세우며, 사소한 것도 잘 감지하고 직관력이 뛰어난 성향을 갖고 있습니다. 자기 속을 드러내지 않고 시니컬한 면이 있어 인간관계에서 가끔 오해를 사거나 가까이하기 부담스러운 이미지를 주기도 합니다. 대화도 논리적이고 분석적이어서 근거를 제시하지 않으면 바로 '왜?'라고 질문하기 때문에 자칫 대화가 사무적이고 딱딱해질 수 있습니다.

② 이미지 메이킹

- 있는 그대로를 보고 수용하기. 보이는 현상을 있는 그대로 보고 수용하지 못하고 모든 현상에 "왜?"를 붙이다 보면 주위 사람들이 피곤해질 수 있습니다. "왜?" 대신에 "아, 그렇군요"라고 분위기를 맞춰주는 태도가 필요합니다.
- 사람을 많이 만나도록 합니다. 다른 사람들과 자주 만나면서 소통하는 시간을 늘려보세요. 그러면서 지나친 분석력을 적당히 필요한 분석력이라는 장점으로 바꿔보세요. 분석력은 문제 해결에서 필요한 능력입니다.
- 사람의 장점을 먼저 보도록 합니다. 상대방에 대해 분석하다 보면, 장점보다는 단점을 먼저 찾게 됩니다. 장점을 먼저 보는 것이 대인관계에 큰 도움이 됩니다.
- 자주 웃도록 합니다. 분석형은 시니컬한 면이 있어 대체적으로 표정이 진지한 경우가 많습니다. 자주 웃으면 부드럽고 편안한 인상으로 변합니다.

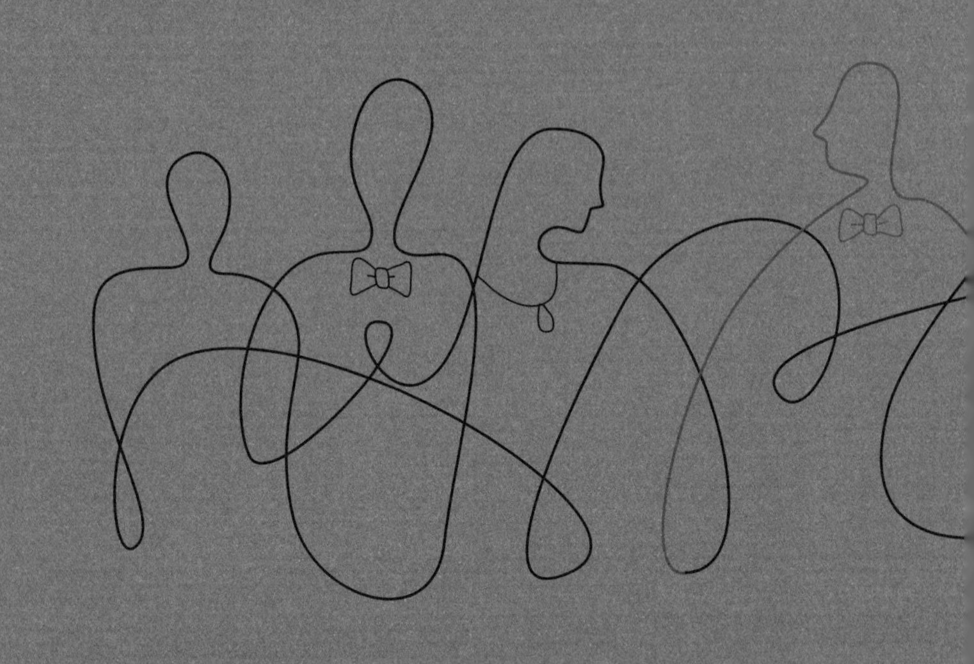

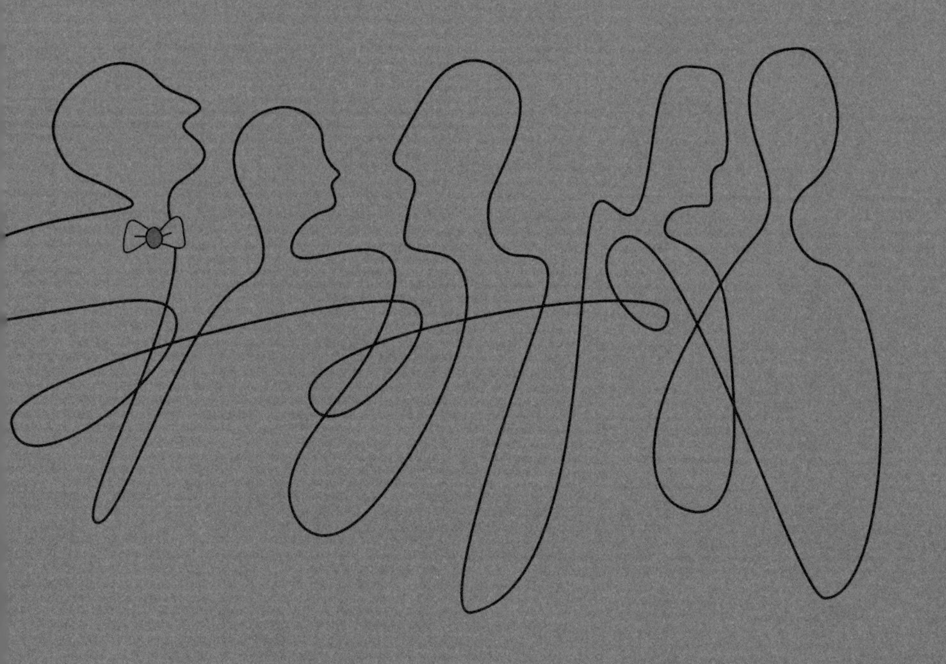

제6강

직장인들이 조직생활과 관련해 궁금해하는 Q&A

1. 직접 만나서 대화할 때는 아무 문제가 없는데 전화로 통화하면 불친절하다는 오해를 많이 받는 이유는 무엇일까요?

위의 질문은 방송과 강의 현장에서 가장 많이 받는 질문 중 하나입니다. 커뮤니케이션의 원리상 얼굴을 마주하고 화자 입장에서 최대한 잘 표현하고 또한 청자 입장에서 최대한 경청을 잘한다 해도 소통되는 것은 본래 전달하고자 하는 내용과 의도의 64% 정도라고 합니다. 그래서 얼굴을 보지 않고 목소리로만 의사소통을 하는 전화 커뮤니케이션은 오해를 부를 때가 많습니다.

특히 전화로 전달되는 음성은 직접 만나서 듣는 음성과 차이가 큽니다. 기계음이 섞여 실제 음성보다 훨씬 차갑고 무겁게 들립니다. 그리고 만약 전화 받을 때의 자세나 표정이 보이지 않는다고 생각해 조심하지 않으면 바로 목소리에 나타납니다. 방송 출연 때 구성작가들이 한 사회심리학 연구를 찾아주었는데 그 실험에서 전화 통화만으로 상대방이 웃는지, 앉아서 받는지, 누워서 받는지 80% 이상을 맞췄다고 합니다. 이처럼 전화를 받는 순간의 표정과 자세가 그대로 목소리에 녹아든다고 할 수 있습니다.

그래서 오해를 줄이기 위해서는 우선 밝은 표정을 짓는 것이 중요합니다. 그다음은 자세를 바르게 하고 평소의 목소리보다 기계음이 무겁고 차갑게 들리기 때문에 친절한 마음을 담아 살짝 높고 경쾌한 톤으로 통화를 하면 큰 오해를 줄이는 데 효과가 있습니다.

2. 가끔 소개를 해야 할 때가 있는데 맨 먼저 누구를 누구에게 소개해야 할지 모르겠어요.

우리는 사람들을 만나면서 소개를 해야 하는 경우가 많이 생깁니다. 그래서 평소에 소개 매너를 잘 인지하고 있으면 소개를 해야 할 경우 당황하지 않고 소개할 수 있습니다. 내가 소개해야 하는 입장이라면 양쪽 다 알거나 관계가 있다는 뜻입니다. 그렇다면 양쪽 모두를 배려하는 것을 첫 번째 원칙으로 삼아야 합니다. 서로 처음 만나는 자리에서 소개가 잘못되면 첫인상이 안 좋게 비칠 수 있고, 그 첫인상은 쉽게 바뀌기 어려워 세심한 소개가 필요합니다.

두 번째 원칙은 그 사람의 장점이나 자랑할 만한 커리어를 함께 소개해주는 것입니다. 예를 들어 "대한민국 얼굴박사 1호로 알려진 송은영 박사이십니다"라고 대표적인 커리어를 언급해주는 것입니다. 이때 사실 그대로를 말해야지 지나치게 과장해서 "지금까지 만난 사람들 중에 가장 따뜻하고 인상이 좋은~~~ 000이십니다"라고 하면 서로 민망하고 어색해질 수 있습니다.

세 번째 원칙은 소개 순서를 지키는 것입니다. 보통 손아랫사람을 손윗사람에게 소개하고, 지위가 낮은 사람을 높은 사람에게, 미혼자를 기혼자에게, 가족을 손님에게 소개하는 것이 일반적입니다. 일 대 다수로 만나는 경우에는 한 사람을 다수에게 소개하는 것이 원칙입니다. 점점 형식이 무너지고는 있지만 기본을 알아두고 상황에 따라 적절하고 유연하게 하면 됩니다.

3. 출근길이 너무 힘들 때 행복을 충전할 수 있는 마인드 컨트롤 방법을 추천해 주세요.

아침에 출근할 때 너무 행복하고 빨리 가고 싶은 사람은 아마도 드물 것입니다. 가기 싫어도 가야 하는 곳이 직장입니다. 그러나 삶의 터전이기도 한 직장에 대해 우선 긍정적인 마인드를 갖는 것이 필요합니다. 억지로 행복하려고 하면 효과가 순간적일 뿐이기 때문에 본질적으로 긍정적인 마인드와 성장 마인드셋이 필요합니다.

일터는 내가 살아갈 수 있는 중요한 자원인 경제적인 면을 공급해 주는 소중한 곳입니다. 그리고 퇴직 이후에도 평생 친구로 지낼 수 있는 소중한 인연인 동료들과 하루 중 가장 많은 시간을 보내는 곳이기도 합니다. 가끔 갈등과 문제가 생겨도 그것을 해결하는 과정에서 내 실력과 정신력이 단련되고, 그것을 통해 성장해나가는 곳입니다. 또한 집단지성의 힘을 발휘해서 나 혼자만의 생각이 아닌 함께 더 큰 성과를 창조하는 자아실현의 장입니다.

그렇다면 이런 직장에 출근하는 아침에 집을 나서면서 오늘도 일터에 나갈 수 있어 감사하다는 마음이 생길 것입니다. 그리고 얼굴 근육과 뇌는 연결되어 있으니 앞에서 배운 "음흠~" 운동과 "앙~" 운동을 각각 6회 이상 해보세요. 그러면 기분이 좋아지고, 기분 좋게 시작하는 하루는 업무에도 큰 도움이 됩니다. 이동할 때는 밝고 경쾌한 음악을 들으면 도움이 됩니다. 음악은 기분을 환기시켜주는 활력소이기 때문입니다. 얼굴근육을 최대한 움직인다는 생각으로 하~히~후~헤~호~를 크게 하면서 활기찬 목소리를 내기 위한 발성연습도 해보세요. 힘든 출근길일지라도 활기찬 목소리를 내보면 활기가 차오릅니다. 출근해서 상사나 동료를 만나면 평소보다 더 밝은 표정, 더 씩씩한 목소리로 인사를 합니다. 그러면 나만 생기가 돋고 기분이 좋아지는 것이 아니라 상대방, 더 나아가 직장 분위기도 함께 밝아집니다. 기분은 전염되기 때문입니다.

4. 사무실에서 전화를 주로 받고 있는데 친절하고 스마트한 전화 매너가 궁금해요.

한 기관의 조사에 따르면, 사원들의 전화 받는 태도가 회사의 이미지에 영향을 미치는가에 82%가 "그렇다"고 대답했습니다. 전화 응대는 전화를 건 사람에게 회사의 첫인상이 결정되는 중요한 순간입니다. 전화를 받을 때 어떻게 받을지는 회사 자체 내에서 매뉴얼을 만드는 것을 추천합니다. 신입사원이 들어오더라도 그 매뉴얼을 보고 전화를 받으면 큰 실수를 줄일 수 있습니다. 전화 매너의 핵심은 친절하고, 정확하고, 신속함을 유지하는 것입니다. 친절함에서 가장 중요한 것은 친근하고 따뜻한 목소리와 말투입니다. 그리고 전화벨

이 2~3회 울릴 때 받는 것이 좋습니다. 중요한 내용은 메모를 해서 놓치지 않도록 해야 합니다. 그러기 위해서는 전화 옆에 항상 메모지와 펜이 놓여 있어야 합니다. 만일을 대비하기 위해 메모와 함께 전화 내용을 녹음해 놓친 부분은 녹음 파일을 확인해서 처리하면 됩니다. 일반적인 통화 프로세스를 정리하면 다음과 같습니다.

벨은 2~3번 울리기 전에 받는다	
인사말, 소속, 이름을 밝힌다	"감사합니다. 코리아 홍보팀의 송은영입니다."
중요한 내용은 요약, 복창한다	"아 네, 내일 오후 3시에 저희 회사로 방문하시겠다는 말씀이시죠?"(메모하면서)
끊기 전 궁금한 사항을 확인한다	"네 혹시 더 궁금하신 사항이 있으십니까?"
끝 인사를 한다	"고맙습니다. 내일 뵙겠습니다."/ "감사합니다. 좋은 하루 되세요."
고객이 끊은 후 수화기를 내려놓는다	

5. 상사가 가끔씩 고객이 있는 장소에서 저를 편하게 "00야~"라고 부르면 민망하고 불쾌합니다. 호칭 매너에 대해 알려주세요.

호칭 매너는 요즘처럼 수평적인 구조화 추세에서는 매우 중요한 부분입니다. 한번은 외국계 유명 회사에 강의를 갔는데, 그곳은 호칭 매너가 파격적이었습니다. 그 회사 한국지사장에게도 "000사장님"이라고 하지 않고 "000님"이라고 부른다는 것입니다. 모든 직원이 직함을 빼고 이름 뒤에 '님'자만 붙이는 것이었습니다. 그 회사는 신입사원이 사장에게 '000님'이라 자연스럽게 부르고 있었습니다.

호칭 매너는 조직문화에 많은 영향을 줍니다. 서로를 존중하는 문화를 만들려면 서로를 존중하는 느낌이 들 수 있도록 약속된 호칭으로 부르는 것이 좋습니다. 요즘 대기업에서도 직함을 빼고 '000 책임님', '수석님', '팀장님' 등으로 직함의 수를 줄이고 사용하고 있습니다. 예전의 '과장님', '차장님', '부장님', '상무님', '대표님' 등의 직급들은 점점 사라지고 있는 추세입니다. 다만 내부적으로 '팀장님'이라고 불러도 상무급, 부장급 등으로 알고만 있고 호칭은 심플하게 부르고 있는 추세입니다.

상사라 할지라도 후배 직원에게 반말을 하거나 함부로 이름을 부르는 것은 지양해야 할 태도입니다. 특히 고객이 있는 자리에서는 정확한 호칭을 불러주고 존댓말을 쓰는 것이 매너의 원칙임을 잊지 마세요.

6. SNS에도 주의해야 할 매너가 있을까요?

코로나19 이후로 SNS로 비즈니스 소통을 하고 비대면 미팅으로 일을 진행하는 경우가 크게 증가했습니다. 특히 이메일이나 문자, 톡 등으로 소통을 할 때 주의할 점이 있습니다. 그 내용은 다음과 같습니다.

① E-mail 매너

- 제목은 용건을 파악할 수 있도록 핵심내용에 대한 키워드를 넣습니다.
- 간단한 인사와 자기소개를 합니다.
- 용건은 핵심을 논리적으로 간결하게 정리합니다.
- 마무리 인사를 합니다.
- 상대방이 나보다 윗사람이거나 거래처 담당자라면 000 올림, 또는 000 배상으로 마무리합니다. 000 드림은 나와 동등하거나 편한 협력업체 담당자에게 씁니다.
- 메일을 받으면 되도록 빨리 확인하고 상대방 쪽에서 원하는 기한 내에 관련 자료를 전송해야 신뢰를 잃지 않습니다.

② 문자나 카톡 매너

- 간단한 인사와 간결한 내용으로 보냅니다.
- 지나친 은어는 삼가도록 합니다. 예를 들면 헐~, 넴, 얍 등은 가벼워 보이고 상대방을 존중하는 느낌이 들지 않습니다.
- 상대방이 나보다 연장자이거나 상사라면 마무리는 내가 해야 매너입니다. 만약 상대방이 "네 감사합니다"라고 하면 "감사합니다"로 마무리하거나 적절한 이모티콘으로라도 마지막엔 내가 마무리하도록 합니다.

③ 블로그, 페이스북, 인스타그램, 유튜브 사용 시

- 업무적인 목적과 개인적인 목적의 계정을 따로 나누어서 관

리하는 것이 좋습니다.

- 다른 사람의 게시물에 댓글을 달 때는 부정적인 내용이나 비방의 내용을 달지 않도록 주의해야 합니다. SNS 세계는 서로 연결되어 있어서 언제 누가 보게 될지 알 수 없습니다. SNS는 개인의 브랜딩과 마케팅에 큰 역할을 하는 매체이지만 잘 쓰면 약이고 잘못 쓰면 독이 될 수 있음을 기억해야 합니다.

7. 고객 유형별 맞춤 응대법을 알려주세요.

사람과의 관계 능력을 높이는 데 도움을 주거나 참고하기 위해 심리학에서 발표하는 성격 분석이나 커뮤니케이션 유형 등은 비슷한 유형끼리 묶어서 적절한 솔루션을 제공하고 있는 점에서 도움이 됩니다. 시중에 나와 있는 DISC나 에니어그램, MBTI 등과 관련된 책을 읽고 사람들의 성격별 특징을 이해하면 다양한 사람을 대할 때 도움이 됩니다. 일반적인 고객 유형에 따른 적절한 응대법을 표로 제시해보겠습니다. 하지만 사람은 저마다 다르기 때문에 우선 상대방에 대해 세심한 관심을 갖고 그 사람의 특성을 이해하고 공감대를 형성하며 상대의 코드에 맞춰 대하는 태도가 필요합니다.

유형	유형별 특징	응대법
전문가형	모든 것을 다 아는 듯이 질문하고 확인한다.	전문가 수준의 안목을 칭찬하도록 합니다. 상대에게 반론을 하거나 자존심을 상하게 하는 말투를 삼가고 설득이 필요한 경우에는 근거자료를 제시합니다.
우유부단형	결정장애가 있는 것처럼 빙빙 돌리면서 결정을 미루거나 번복한다.	고객의 성향을 파악해서 가장 어울리고 적절한 상품 한 가지로 적극 추천합니다.
조급한형	일 처리가 늦으면 화를 내고 상대의 말과 행동이 신속하길 원한다.	결론부터 말하고 말과 행동의 속도를 조금 빨리하며, 일 처리가 늦어지는 경우에는 물어보기 전에 중간중간 보고를 합니다.
예민한형	사사건건 트집을 잡거나 세심한 부분까지 관찰하고 확인한다.	고객의 말에 경청하고 정중하게 대합니다. 빈틈없이 일을 처리하며 근거나 증거를 제시하면서 설명하고, 계약 이후에는 중간중간 보고와 함께 관심을 지속적으로 갖도록 합니다.
거만한형	자신의 장점을 자랑하듯이 뽐내고 불만이 생기면 큰소리치며 따진다.	자랑하면 칭찬하면서 맞장구를 쳐줍니다. 큰소리칠 땐 되도록 앉아서 응대하고, 더 낮고 차분한 목소리로 말합니다. 실수를 했을 땐 즉시 사과합니다.
명랑한형	밝고 사교적이며 친절한 성격	밝고 기분 좋게 응대하되 Yes/No는 명확하게 하며, 기분에 의해 대화에 오해가 생기지 않도록 기록으로 남깁니다. 친근하다고 예의에 벗어나지 않도록 주의합니다.
의심형	의심이 많아 지속적으로 질문하며 확인하고 결정을 미룬다.	자신감 있고 명확하게 응대합니다. 정확한 증거나 근거를 제시하고, 때로는 권위의 법칙을 적용해 책임자가 응대하도록 합니다.
무조건 요구형	원칙과 상관없이 무조건 많은 걸 무리하게 요구하는 형	고객의 마음을 이해한다고 공감해주면서 Yes, but 화법을 구사합니다. 그리고 부득이한 사내 원칙을 설명하고 설득합니다. 가능한 범위 내에서 작은 선물로 대처하는 것도 방법입니다.

8. 고객 입장에서 처음 영업직원을 볼 때 어디를 먼저 보게 될까요?

이에 대해서는 제가 연구한 자료가 있습니다. '맨 처음 사람을 만났을 때 어디를 가장 많이 보는가?'에 대한 질문에 79.1%가 얼굴과 눈을 본다고 했습니다. 그래서 얼굴 인상 관리에 가장 우선적으로 관심과 노력을 기울일 필요가 있습니다.

특히 가장 먼저 신경 써야 할 것은 표정과 아이컨택입니다. 얼굴 중에서도 눈은 마음의 창으로 고객과 대화를 나눌 때 눈을 봐야 진실해 보이고 자신감이 있어 보입니다. 만약 두꺼운 안경테로 눈을 많이 가리고 있다면 눈동자가 시원하게 보일 수 있는 디자인으로 바꾸는 것도 고려 사항입니다.

그다음 매력의 요소로서 좌우의 얼굴이 서로 비슷한 대칭성과 한결같은 피부톤도 중요하기 때문에 얼굴의 좌우 밸런스를 맞출 수 있도록 헤어, 메이크업을 하고 피부톤이 얼룩지지 않도록 매끈하게 표현하는 것이 도움이 됩니다. 물론 헤어스타일은 자기관리 능력을 나타내는 척도라고 할 수 있으므로 이마를 많이 가리지 않으면서 부스스하지 않게 스타일링 제품을 이용해 윤기를 주고 단정하게 세팅하면 신뢰가 가는 인상을 주는 데 도움이 됩니다. 얼굴 인상에서 가장 중요한 것은 단연코 표정입니다. 밝은 표정은 긍정적인 마인드와 자신감을 보여주기 때문에 고객과의 만남에서 단정한 외모에 밝은 표정과 아이컨택은 기본 매너라 할 수 있습니다.

9. 고객과 상담 시 신뢰감을 줄 수 있는 시선 처리나 몸가짐이 따로 있나요?

고객의 입장에서 한번 생각해봅시다. 보험 등 투자 상담을 하거나 차를 구매하기 위해 딜러와 상담을 하고 있다면 어떤 직원에게 신뢰가 갈까요? 당연히 건강하고 밝은 얼굴에 진정성 있고 따뜻한 표정, 바른 자세와 단정한 옷차림, 잘 정리된 헤어스타일, 친절하게 고객을 안내하는 제스처가 그려질 것입니다. 특히 표정에서 신뢰감을 주려면 눈과 입이 웃는 것도 중요하지만, 아이컨택이 중요합니다. 그것은 곧 진실성, 자신감. 스마트한 지적 능력까지도 보여줄 수 있기 때문에 상담을 맡은 고객에게만 집중하는 것이 중요합니다. 그리고 눈높이는 고객의 눈높이보다 위에 있어서는 안 됩니다. 항상 고객의 눈높이와 같거나 그보다 낮은 위치에서 상담을 하고 필기가 필요한 경우에는 고객과 가까운 곳으로 다가가 살짝 상체를 숙이거나 소파에서 나와 탁자 옆에 앉아서 계약서나 안내사항을 작성하는 것이 좋습니다.

제스처는 손바닥을 위로 향한 모습으로 무언가를 가리키거나 말을 하면서 제스처를 하면 진실함과 자신감을 동시에 보여줄 수 있습니다. 또한 호감의 법칙에서 유사성이 중요합니다. 고객과 비슷한 제스처를 따라 하는 것도 호감을 주는 방법입니다. 만약 무언가를 가리켜야 하는 상황이라면 손가락이나 펜 끝을 사용하지 말고 손바닥을 펴고 손가락을 모아서 두 손으로 가리키면 됩니다. 설사 고객이 계약을 하지 않더라도 마지막까지 친절하게 배웅하는 것 역시 나에 대한 이미지뿐만 아니라 회사의 이미지에도 좋은 인상을 남길 수 있음을 기억하고 다시 올 수 있도록 좋은 끝인상을 남기는 데 신경을 써야 합니다.

10. 피부관리 중 잡티 제거 및 트러블 관리 방법에 대해 알려주세요.

피부는 유전적인 요소인 타고난 체질과 피부타입에 의해 크게 결정되는 건 사실입니다. 그러나 보통 28일 주기로 새로운 세포가 생성되고 묵은 각질이 탈락되는 사이클이 있습니다. 유전적인 요소가 불리하거나 혹은 후천적으로 트러블이나 잡티가 생긴 경우에는 일단 자외선 차단제를 바르는 습관이 중요합니다. 자외선은 자연환경 중에 피부에 가장 해를 끼치는 노화의 주범입니다. 잡티는 물론 주름과 알레르기 반응까지 일으켜서 트러블을 만들고 심하면 피부암까지 일으킵니다.

트러블이 심하면 피부과에 가서 소염제 복용과 함께 치료연고를 바르는 것이 좋고, 손을 늘 깨끗하게 씻는 것이 중요합니다. 기미가 있는 경우에는 멜라닌 색소의 합성을 방해하는 하이드로퀴논 성분이 들어간 연고를 바르면 효과가 좋습니다. 약국에 가면 처방전 없이도 구입이 가능한데 현재까지 가장 미백효과가 좋은 성분으로 알려져 있습니다. 다른 제품은 스티바 A크림으로 트레티노인 성분이 들어간 연고가 좋습니다. 이것은 피부의 턴오버 기능을 활성화하는 데 보통은 하이드로퀴논 성분과 혼합된 크림이나 연고가 나와 있습니다.

피부과 레이저 치료로는 피부의 잡티 모양에 따라서 IPL이나 토닝을 함으로써 완화할 수 있으니 반드시 의사의 상담을 받고 결정하시면 됩니다.

평소 아토피나 트러블이 자주 발생하는 타입이라면 생활습관도 중요합니다. 때를 미는 습관은 버려야 하고, 샤워 후에 바로 보습기능이 있는 제품을 바르는 것이 중요합니다. 저녁에는 외출하지 않았다 할지라도 미세먼지가 많으므로 반드시 세안을 꼼꼼하게 해서 늘 관리해야 합니다.

압도적 성공을 불러오는 한 끗의 차이

당신의 매력을 브랜딩하라

초판 1쇄 발행 2023년 02월 06일
초판 9쇄 발행 2024년 09월 06일

지은이 송은영
펴낸곳 보아스
펴낸이 이지연
등 록 2014년 11월 24일(No. 제2014-000064호)
주 소 서울시 양천구 목동중앙북로8라길 26, 301호(목동) (우편번호 07950)
전 화 02)2647-3262
팩 스 02)6398-3262
이메일 boasbook@naver.com
블로그 http://blog.naver.com/shumaker21
유튜브 보아스북 TV

ISBN 979-11-89347-17-8 (03190)